De euro in de spreekkamer

Thijmgenootschap
vereniging voor wetenschap en levensbeschouwing

ANNALEN VAN HET
THIJMGENOOTSCHAP
jaargang 104 (2016), aflevering 3

Onder redactie van de wetenschappelijke raad
Prof.dr. Stephan A.J. van Erp (voorzitter)

Leden
Prof.dr. Govert J. Buijs
Dr. Luca Consoli
Dr. Harm J.M.J. Goris
Prof.dr. E. van Leeuwen
Dr. Maria E.T.C. van den Muijsenbergh
Dr. P. Overeem
Dr. Ronald B.J. Tinnevelt
Prof.dr. Rudi A. te Velde
Prof.dr. Theo Wobbes

Redactiesecretariaat
Groesbeekseweg 125 – 6524 CT Nijmegen
tel. 024-3611631
e-mail: j.roes@jur.ru.nl
www.thijmgenootschap.nl

Ledenadministratie
Bureau Interface
tel. 024-3601829
Joh. Vijghstraat 34 – 6524 BT Nijmegen
e-mail: thijmgenootschap@ioi.nl

Theo Wobbes &
Maria van den Muijsenbergh (red.)

De euro in de spreekkamer

Geld speelt wel een rol

VALKHOF PERS

Het Thijmgenootschap, vereniging voor wetenschap en levensbeschouwing, is opgericht in 1904 en draagt sinds 1947 de huidige naam, geïnspireerd op J.A. Alberdingk Thijm, literator, kunstkenner en cultuurdrager. Deze vereniging van christelijke intellectuelen zet zich in voor wetenschappelijke publicaties met een actueel, levensbeschouwelijk accent. Voor een lidmaatschap zie de laatste pagina.

Bestuur Thijmgenootschap
Prof.dr. Wim B.H.J. van de Donk (voorzitter)
Prof.dr. Eelke de Jong (vice-voorzitter)
Drs. Roland E.C. van der Pluym (penningmeester)
Prof.dr. Stephan A.J. van Erp
Drs. Maria J.Th. Martens

ISBN 978 90 5625 463 6
© 2016 by the authors
Omslagontwerp: Brigitte Slangen
Omslagillustratie: Jan Jozef Horemans de Jongere, *Arts als duivel* (olieverf op doek, 1752), Museum Boerhaave, Leiden
Opmaak: Peter Tychon

Niets uit deze uitgave mag worden verveelvoudigd en/of openbaar gemaakt door middel van druk, fotokopie, microfilm of op welke andere wijze ook zonder voorafgaande schriftelijke toestemming van de uitgever. *No part of this book may be reproduced in any form, by print, photoprint, microfilm or any other means without written permission from the publisher.*

Inhoud

THEO WOBBES EN MARIA VAN DEN MUIJSENBERGH
De euro in de spreekkamer. De patiënt en de kosten
van de gezondheidszorg 7

KAREL-PETER COMPANJE
De euro in de spreekkamer 1900-2006 14

MARION REINARTZ
Zorg om zorgkosten bij zorg(vraag) of gewoon kostenbewust? Een beschouwing vanuit patiëntenperspectief 32

ANNEKE KRAMER
Dilemma's in de spreekkamer: de invloed die vergoeding
van zorg heeft op het gedrag van patiënt en huisarts 39

MARCEL BECKER
De verleiding van de markttaal 50

MAAIKE HAAN
Mag de patiënt zichzelf zijn? Over marktdenken en
authenticiteit in de participatieve gezondheidszorg 67

PATRICK JEURISSEN
Feitelijke perspectieven op de financiële solidariteit
in de zorg 83

GERT JAN VAN DER WILT, JAAP DEINUM EN BAZIEL
VAN ENGELEN
De waarde van een leven. Rationalisme en romantiek in
de geneeskunde 101

NICOLE KIEN
Welke rol mag de euro in de spreekkamer spelen? 115

MARTIN BUIJSEN
Schaarse middelen, rechtvaardige gezondheidszorg 129

Over de auteurs 146

THEO WOBBES EN MARIA VAN DEN MUIJSENBERGH

De euro in de spreekkamer. De patiënt en de kosten van de gezondheidszorg

Vanaf de jaren zeventig van de vorige eeuw zijn de kosten van de gezondheidszorg een politiek probleem geworden. De jaarlijks stijgende kosten noodzaakten tot beteugeling en met een hele reeks van maatregelen is geprobeerd dat voor elkaar te krijgen. Gelukt is het al die jaren echter nooit. Het introduceren van de mantra 'marktwerking in de gezondheidszorg' zou de oplossing zijn omdat daarmee door concurrentie de kosten zouden dalen. Anders dan in het normale economische verkeer zou deze marktwerking echter geen winstoogmerk hebben en alleen bedoeld zijn om voor de laagste prijs de beste zorg te leveren.

Een van de uitwerkingen van deze theorie was de nieuwe Zorgverzekeringswet die ruim tien jaar geleden van kracht werd en die het onderscheid tussen particulier verzekerden en ziekenfondsverzekerden ophief. Iedereen is nu verzekerd volgens hetzelfde financieringsmodel waarbij de zorgverzekeraars de leidende rol hebben gekregen. Zij onderhandelen met de zorgverleners over de prijs van hetgeen deze in de aanbieding hebben en proberen zo goedkoop mogelijk in te kopen zodat de verzekeringspremie laag kan worden gehouden. Dat lijkt inderdaad op een vorm van marktwerking. Het probleem van de kostenstijging van de zorg zelf is er echter niet mee verholpen, zo blijkt, en ook de verzekerde betaalt jaarlijks meer, vooral als hem of haar wat overkomt. Hoewel de nominale premies relatief weinig stijgen, groeit het eigen risico jaarlijks gestaag. Dat is dus wat er in de praktijk mee is bereikt.

Als er de afgelopen jaren in ons land over de gezondheidszorg wordt gesproken, gaat het vrijwel altijd alleen maar over de kosten ervan. Kennelijk houdt dat de mensen bezig. Zelden horen we dat we in ons land een gezondheidszorg hebben die tot de beste van de wereld behoort en dat de wachtlijsten die jarenlang bestonden inmiddels zijn opgelost. Er is gemor te horen over het nieuwe systeem als het oor goed te luisteren wordt gelegd, bijvoorbeeld in de spreekkamer. Recent publiceerde *Medisch Contact* een artikel over deze nieuwe Zorgverzekeringswet met als boodschap dat de hooggespannen verwachtingen niet zijn uitgekomen. Het tienjarig jubileum geeft weinig reden tot feestvreugde, stond er op de voorkant van het nummer.[1]

Deze grote aandacht voor de kosten van de zorg is ook doorgedrongen in de spreekkamer, tot verdriet van veel patiënten en artsen. Zij krijgen gaandeweg de indruk dat de kwaliteit van zorg is verminderd door het streven de prijs ervan zo laag mogelijk te houden. Er wordt daardoor afgedongen op de kwaliteit van wat er geboden wordt, terwijl er jaarlijks meer voor moet worden betaald. Dat wringt zowel bij de patiënt als bij de arts. Het was immers de bedoeling door het proces van gereguleerde concurrentie de doelmatigheid te vergroten en de hoogste kwaliteit van zorg te verlenen. Maar als we het over de concurrentie op basis van de zogenaamde marktwerking hebben, wat is er in feite te kiezen voor een patiënt? Mag een patiënt voor de specialist kiezen die de beste kwaliteit levert? En hoe kan hij dat dan weten? En levert de regulering inderdaad op dat iedereen dezelfde mogelijkheden krijgt indien hij zich meldt met ziekte of gebrek, met andere woorden: is er wel sprake van solidariteit?

Uit recent onderzoek blijkt dat de patiënt helemaal geen kritische consument is en zich in de specialistenkeus vooral laat leiden door de verwijzer. Het dichtstbijzijnde ziekenhuis heeft de voorkeur en kwaliteitsinformatie heeft er nauwelijks invloed op.[2,3] Patiënten zitten dus niet te springen om de marktwerking; sterker nog: steeds duidelijker wordt dat met name patiënten uit de lage inkomensgroepen de dupe lijken te worden. Zij voelen zich vaak genoodzaakt een zo goedkoop mogelijke verzekering af te sluiten, de zogenaamde budgetpolis. Deze beperkt zowel de omvang van het verzekerde pakket als het aantal zorgverleners die de zorg mogen verlenen. Dit roept vragen op rond de solidariteit in de zorg – een van de grondslagen van de vroegere ziekenfondsverzekeringen. Is een budgetpolis wel een goed middel om de zorgvraag te reguleren als blijkt dat men zich dan niet in alle ziekenhuizen kan laten behandelen omdat alleen de kosten worden vergoed in die instellingen waarmee de verzekeraar een afspraak heeft? De vrijheid van het individu wordt daardoor beperkt. Men kan zeggen dat dat een eigen keus is, maar treft het dan veelal juist de mensen die het minst te besteden hebben omdat zij noodgedwongen voor een goedkope polis moeten kiezen?

Deze bundel is een uitwerking van het symposium dat de Medische afdeling van het Thijmgenootschap in maart 2015 hield onder de titel: 'De euro in de spreekkamer. Geld speelt wel een rol'. Deze titel moet beschouwd worden als een metafoor voor commercialisering van de gezondheidszorg als gevolg waarvan onvoldoende rekening wordt gehouden met een aantal patiënt- en artsenbelangen. In deze bundel komt een reeks aspecten van de zorg in relatie met de kosten ervan aan de orde. De eerste bijdrage is van Karel-Peter Companje die de geschiedenis beschrijft van collectieve zorgverzekeringsinstellingen en laat zien dat er de afgelopen eeuw altijd wel reuring is geweest als het om de prijs voor de zorg ging. Maar dat was veelal een discussie tussen huisartsen, specialisten en zorgverzekeraars. De patiënt was daar niet bij betrokken en kon als ziekenfondspatiënt of particulier verzekerde zonder veel beperkingen aanspraak maken op de dienstverlening van de arts.

Dat die beperkingen er heden ten dage wel zijn, wordt duidelijk uit de bijdrages van Marion Reinartz en Anneke

Kramer die de ervaringen van patiënten respectievelijk huisartsen beschrijven. Zij geven een schrijnende inkijk in de dagelijkse praktijk en komen tot de kern van de zaak: de euro speelt wel degelijk een rol in de spreekkamer. De voorbeelden die door hen worden beschreven laten duidelijk zien bij welke bevolkingsgroepen de problemen van het nieuwe gezondheidszorgsysteem zich openbaren.

Marcel Becker houdt in zijn bijdrage het begrip marktwerking, voor zover het de gezondheidszorg betreft, tegen het licht. De kern van zijn betoog is dat het begrip marktwerking oneigenlijk wordt toegepast in de gezondheidszorg. Met een reeks van voorbeelden wijst hij op de verschillen die er bestaan tussen te vermarkten goederen en dat wat er in de arts-patiëntrelatie speelt. In die relatie spelen immers persoonsoverstijgende elementen en gedeelde waarden mee omdat er sprake is van een dienstverlening. En dienstverlening heeft een relationeel karakter en is niet in economische waarde uit te drukken. Dat wezenlijke verschil moet steeds worden gerealiseerd in de discussie over marktwerking in de zorg.

De patiënt mag in wezen niet een speler in het marktdenken zijn omdat deze in een positie verkeert waarin hij of zij geen rationele keuzes kan maken. Dat is de basisgedachte van de bijdrage van Maaike Haan. Zij baseert haar zienswijze op het denken van de filosoof Charles Taylor over de authenticiteit van de patiënt waardoor deze zich op een voor hem of haar specifieke wijze kan verhouden tot de ziekte en het ziek-zijn. Een patiënt is door het ziekzijn niet in staat verantwoordelijkheid te dragen voor de keuzes die het marktdenken verlangt. Vanuit de positie van patiënt-zijn is een gelijkwaardige dialoog tussen arts en patiënt niet mogelijk. Haar bijdrage belicht een aspect waaraan vaak voorbij wordt gegaan, maar dat vanuit een ethisch perspectief meer aandacht zou moeten krijgen. Een patiënt is immers geen handelswaar maar een authentiek persoon die met een hulpvraag op de deur van de gezondheidszorg klopt.

De vraag die zich ook opdringt is: is het nieuwe systeem wel solidair? De eerder beschreven praktijkvoorbeelden wekken de indruk dat patiënten niet zelden tussen de belangen bekneld raken. Patrick Jeurissen legt helder uit hoe er steeds getracht is de zorgkosten naar draagkracht en vermogen te verdelen. Het is echter onduidelijk of met de nieuwe wet de solidariteit is toe- of afgenomen. Hij laat zien dat het stelsel in principe wel op het solidariteitsbeginsel is gebaseerd, maar dat het lastig is om dat consequent te handhaven door de steeds weer stijgende kosten. In elk geval wordt de laagste inkomensgroep zoveel mogelijk tegemoet gekomen. Hij wijst echter op de toenemende scheve verdeling van de zorgkosten, die vooral gegenereerd worden door de chronisch zieke patiënt en de dure patiënt. Hoe zal dat op den duur uitpakken?

En dan komen we uit bij de discussie die al enkele decennia wordt gevoerd: wat mag een leven kosten? Hoe ver moeten we gaan met behandelen? Gert Jan van der Wilt, Jaap Deinum en Baziel van Engelen gaan in hun bijdrage in op dat probleem. Zij laten zien dat het afwegen van kosten ten opzichte van de baten op twee manieren kan worden benaderd: van een romantische en van een rationalistische kant. Voor de rationalistische visie voeren zij het door Isaiah Berlin geformuleerde begrip legpuzzelvisie op, waarmee hij bedoelde dat er orde is en dat ook het leven volgens die orde moet worden ingericht. Dat betekent dat er als een boekhouder naar de balans van kosten en baten gekeken dient te worden. De romanticus, die overeenkomsten heeft met de arts die om zijn patiënten geeft en die zich heel wel realiseert dat niet alles kan wat moet, zal zich weinig aantrekken van kosten en baten. Hij zal ervoor gaan zijn patiënten dat te bieden wat nodig is en zich niet laten leiden door bijvoorbeeld QALY's (quality adjusted life years), een extra levensjaar in goede gezondheid. De auteurs beseffen dat ook zij de steen der wijzen niet bezitten, juist omdat gezondheidszorg complex is. Zij willen met hun beschouwing verschillende inzichten belichten, waarbij niet categorisch kan worden aangegeven welk inzicht het beste is.

Nicole Kien benadert als jurist de spanning die er bestaat tussen de marktwerking in de zorg en de patiënt vanuit een wat ander perspectief en vraagt zich af hoe de eed of de belofte die een arts heeft afgelegd zich tot marktdenken verhoudt. Zij laat de spanning ertussen zien en wijst op de Wet van de Geneeskundige Behandelingsovereenkomst uit 1995 en op de Wet Beroepen in de Individuele Gezondheidszorg (BIG). Maar zij bespreekt nog twee andere wezenlijke relaties: die tussen de patiënt en de zorgverzekeraar en die tussen de arts en de zorgverzekeraar. De verzekerde heeft gewoon recht op datgene waarvoor hij is verzekerd en in dat opzicht mag de euro geen rol spelen in de spreekkamer. Zij wijst op het principe dat de medisch professionele standaard ook niet door kostenafwegingen mag worden ondermijnd. Een alternatieve behandeling moet altijd evenwaardig zijn en daar moet bij de zorginkoop rekening mee worden gehouden. Het uitgangspunt dient te zijn dat de arts zich in de spreekkamer niet hoeft bezig te houden met het kostenaspect van zijn in te stellen behandelingen. Financiële afwegingen dienen op bestuurs- en politiek niveau tot algemene besluitvorming te leiden en niet te interfereren met de arts-patiëntrelatie, die op vertrouwen is gebaseerd.

Tot slot worden de verschillende aspecten beschouwd in de bijdrage van jurist en filosoof Martin Buijsen. Hij gaat uit van de gedachte dat we in de gezondheidszorg te maken hebben met een verdelende rechtvaardigheid. Het principe is dat mensen als elkaars gelijken moeten worden behandeld en dat lusten en lasten eerlijk verdeeld moeten worden. Van belang is voor ogen te houden dat gezondheidszorg evenals andere goederen een schaars goed is. Dat betekent dat er altijd spanning zal blijven tussen de vraag ernaar en de kosten die eraan zijn verbonden. In feite is er continu sprake van 'rantsoenering'. En dat leidt ertoe dat er ook altijd mensen zullen zijn die tussen de wal en het schip raken. Het zou volgens Buijsen goed zijn als alle betrokkenen, ook de patiënt, ervan doordrongen zijn dat er impliciet van rantsoenering sprake is. Inzichtelijkheid hierover voor de patiënt is voor het begrijpen van het complexe stelsel dat wij in ons land hebben van groot belang. Uit de diverse bijdrages blijkt dat de ondertitel van het symposium 'Geld speelt wel een rol' goed gekozen was. Hoezeer we ook zouden willen dat het niet zo is, gezondheidszorg is inderdaad een schaars goed. Schaarste strijdt echter met rechtvaardigheid, laat Buijsen zien. Dat betekent dat er waarschijnlijk altijd discussie over geld zal blijven bestaan. Uit deze bundel blijkt heel duidelijk dat de arts-patiëntrelatie steeds dient te prevaleren. In de spreekkamer moet het geld geen mediërende betekenis hebben in die relatie. Ziek-zijn en gezondheid overstijgen de markt en zijn niet te beschouwen als materiële waarden.

NOTEN

1 H. Maasen en J. Visser, 'Tien jaar Zorgverzekeringswet. Veel doelstellingen zijn niet bereikt', in: *Medisch Contact* 2016-71 (1), p. 14-17.
2 A. Victoor en J. Rademakers, 'Waarom kiezen patiënten niet voor het "beste" ziekenhuis?', in: *Nederlands Tijdschrift voor Geneeskunde* 2015-159, p. A8664.
3 M. Levi en W. Bos, 'Weinig keuzebereidheid bij de patiënt. Weer een stukje falende markt?', in: *Nederlands Tijdschrift voor Geneeskunde* 2015-159, p. A8664.

KAREL-PETER COMPANJE

De euro in de spreekkamer 1900-2006

SAMENVATTING

De dienstverlening van de arts aan de patiënt betekent dat er naast het zorginhoudelijk handelen ook een financiële verhouding is. In de geschiedenis zijn er twee financieringssystemen voor deze dienstverlening: particuliere, directe betalingen of betaling uit collectieve, meestal publieke verzekeringsarrangementen. Deze differentiatie bleef de verhoudingen in de spreekkamer bepalen tot de invoering van de basisverzekering voor curatieve zorg in 2006.

In deze bijdrage wordt vooral ingegaan op de manier waarop artsen reageerden op de collectieve financieringsarrangementen, de ziekenfondsverzekeringen. Hun beroepsorganisatie, de NMG, ontwikkelde na 1900 een landelijk ziekenfondsbeleid met collectieve contracten voor curatieve zorg en regionale ziekenfondsen, dat tot de invoering van de verplichte ziekenfondsverzekering in 1941 zeer succesvol was. Na 1945 werden de belangen van huisartsen en specialisten behartigd door gescheiden verenigingen, die met de ziekenfondsorganisaties onder toezicht van de overheid onderhandelden over landelijke contracten voor tarieven en beroepsuitoefening.

De patiënt zelf had in de gehele periode geen invloed op de gulden/euro in de spreekkamer, maar afhankelijk van zijn verzekering betaalde hij direct of indirect voor de dienstverlening van zijn arts.

TREFWOORDEN:
ziekenfonds, particuliere ziektekostenverzekeraar, Maatschappijfondsen, Ziekenfondsbesluit, Ziekenfondswet

INLEIDING

Geneeskunde is dienstverlening. Dienstverlening heeft een prijs, een tarief of honorarium. Het werk van de arts is dienstverlening. De arts dient dus voor zijn werk een honorarium te krijgen. De relatie tussen de arts en zijn patiënt bestaat in de spreekkamer daarom uit twee componenten: het geneeskundig of curatief handelen en de honorering ervan door de gulden, na 2002 de euro.

De belangrijkste artsen met een spreekkamer zijn van oudsher de huisartsen en specialisten die op verschillende wijze hun dienstverlening uitoefenden en werden gehonoreerd. De vraag rijst: 'hoe werden deze artsen voor hun dienstverlening gehonoreerd, wat was hun invloed op de hoogte van deze honorering en wat betekende dit voor de gulden/euro in de spreekkamer?'

Dit verhaal begint aan het einde van de achttiende eeuw als er, heel voorzichtig, een nieuwe vorm van collectieve financiering van curatieve zorg op komt: de ziekenfondsverzekering naast de aloude gildefondsen. Het verhaal wordt afgesloten in 2006 met de laatste grote stelselwijziging bij de zorgverzekering: de invoering van de basisverzekering volgens de Zorgverzekeringswet.

ARTSENHONORARIUM VOOR 1795:
PARTICULIER OF COLLECTIEF BETAALD?

De geschiedenis van het artsenhonorarium is zo oud als het geneeskundig beroep zelf. Maar in tegenstelling tot de rekening van vrijwel alle andere vormen van dienstverlening zijn door sociale oorzaken de honoraria voor dezelfde dienstverlening verschillend: tarieven voor degenen die de dienstverlening zelf konden betalen en tarieven voor collectief gefinancierde zorg voor degenen die dit niet konden. Vóór 1795, het einde van de Republiek der Nederlanden, betaalden adel, kooplieden, regenten en de gegoede middenstand zelf of 'particulier' de zorg van doctores medicinae, de chirurgijns of vroedmeesters. De financiële relatie tussen arts en patiënt/cliënt was persoonlijk. De betaling gebeurde na de behandeling; over het tarief werd onderhandeld.

De zorg voor de rest van de bevolking, de klasse met minder financiële draagkracht of 'minvermogenden', werd gefinancierd door collectieve arrangementen, gevormd door onderlinge hulpverlening. Deze collectieve onderlinge hulpverlening werd tot 1750 gedomineerd door beroepsgebonden hulpfondsen: de gilde- of knechtsbussen.[1] Contributiebetaling en reservevorming maakte collectieve dekking van de risico's van gezondheid mogelijk. Vergoeding van de kosten van ziekenzorg behoorde standaard tot de dekking. Gildebroeders, knechten en familie konden een beroep doen op de door de bus aangetrokken arts voor geneeskundige hulp en medicijnen. Specialistische heelkundige of chirurgische hulp behoorde ook tot de mogelijkheden. De arts kreeg voor zijn diensten per verrichting betaald. De tarieven werden door het gildebestuur en de arts in onderling overleg vastgesteld.

De exclusiviteit van de gilde- en knechtsbussen veranderde na 1750. Zij schreven daarna ook niet-leden als verzekerden in en veranderden in algemene onderlinge fondsen voor sociale verzekeringen en medische zorg, zoals de Nijmeegse gildebus Broederschap De Timmermansbus van 1741. Dit fonds is via het Nijmeegse ziekenfonds BAZ en het Keizer Karelfonds de oudste rechtsvoorganger van zorgverzekeraar VGZ. De Nijmeegse artsen hebben al 275 jaar voor de betaling van hun diensten met deze zorgverzekeringslijn te maken.

Naast de bestaande bussen werden in de steden en in de dorpen nieuwe onderlinge fondsen opgericht. In de steden werden na 1750 'Sociëteiten' opgericht voor geneeskundige zorg. Dit waren geen coöperatieve of onderlinge fondsen maar private instellingen, gesticht door particuliere ondernemers, door artsen en apothekers of door filantropische organisaties zoals de Maatschappij tot Nut van het Algemeen. Een aantal van deze fondsen was winstbeogend. Ondernemers beschouwden de fondskas soms als hun eigendom en hadden vaak geen oog voor de belangen van de verzekerden en de gecontracteerde artsen.[2]

Artsen kregen in de steden en in de dorpen steeds meer te maken met deze collectieve verzekeringsarrangementen. Soms waren zij zelf oprichter van een 'doktersbus', soms verleenden zij hun medewerking aan een fonds door het berekenen van bijzondere tarieven, of hadden zij te maken met 'Directeuren' van particuliere verzekeringsmaatschappijtjes die hen wilden dwingen tot lagere tarieven. Zij kregen hiermee een voorproefje van de ontwikkeling van de ziektekostenverzekering in de negentiende eeuw: de wereld van de ziekenfonds- en de particuliere verzekering.

ARTSEN EN ZIEKENFONDSEN:
BELANGENBEHARTIGING EN HONORERING IN
DE NEGENTIENDE EEUW

Particulier betalenden waren voor de arts de meest winstgevende groep in zijn praktijk. Door het inkomen uit de particuliere praktijk of praxis aurea kon hij bijzondere aandacht schenken aan zijn minvermogende patiënten.[3] Dit principe van kruissubsidie maakte het voor artsen mogelijk om tot aan de invoering van de basisverzekering in 2006 met de particuliere gulden/euro de lagere tarieven van de ziekenfondspraktijk te financieren.

De concurrentie in de negentiende eeuw tussen artsen onderling was groot. Van 1825 tot 1864 was het aantal geneeskundigen met 41% gegroeid, terwijl de bevolking minder snel toenam.[4] Dit betekende een daling van inkomen uit de particuliere praktijk en, vooral in de steden, verzwakking van de positie van geneeskundigen tegenover de besturen en directies van verzekeringsfondsen. Dit was in 1846 voor Amsterdamse artsen en apothekers een reden voor gezamenlijke actie. Zij richtten het Algemeen Ziekenfonds Amsterdam op, het AZA, waardoor zij hun tarieven konden waarborgen, en zij voerden het principe van de vrije artsenkeuze in. Het AZA was de eerste blijk van een geslaagde collectieve belangenbehartiging van de medische stand voor uitschakeling van onderlinge concurrentie. Door de instelling van een welstandsgrens werd de particuliere praktijk afgeschermd van de ziekenfondspraktijk en werd het inkomen, de gulden, uit de particuliere praktijk gegarandeerd.[5] Het Amsterdamse voorbeeld werd nagevolgd, onder andere in Gouda (1857) en Rotterdam (1859).

Het principe van de welstandsgrens werd in 1912 tot landelijk beleid verklaard van de Nederlandsche Maatschappij tot bevordering der Geneeskunst, NMG, en in 1941 opgenomen in het Ziekenfondsenbesluit als inkomensgrens voor de verplichte ziekenfondsverzekering. Deze ziekenfondsgrens werd in 2006 door de invoering van de Zorgverzekeringswet afgeschaft, 160 jaar na de uitvinding ervan in Amsterdam.

De NMG ging pas laat, na 1890, inzetten voor een landelijk beleid voor de ziekenfondspraktijk. De organisatie bemoeide zich niet met de particuliere praktijk die als eigendom van de arts werd gezien, maar kon dit voor de ziekenfondspraktijk niet volhouden. De concurrentie tussen artsen en ziekenfondsen werd in de steden aan het einde van de negentiende eeuw steeds groter.[6] De artsen klaagden steen en been over onoordeelkundige besturen van onderlinge fondsen, de eisen en 'graaierigheid' van fondsdirecteuren en de 'veeleisendheid' van fondspatiënten. De artsen wilden loon voor hun ziekenfondswerk en daarbij gaven de meesten de voorkeur aan een abonnementshonorarium: een vast bedrag per ziekenfondslid per jaar. Dit betekende voor de artsen een duidelijke bron van inkomsten, voor het ziekenfonds een overzichtelijk bedrag aan artsenkosten en voor de verzekerde de garantie van zorg: rust voor de gulden in de spreekkamer.

De relatie arts-ziekenfondsverzekerde was volgens de NMG een bijzondere relatie: 'Een ziekenfonds is een instituut, waar twee vrije partijen [de arts en de verzekerde] elkaar ontmoeten, waar het fondslid zijn rechten koopt tegen een voldoend en royaal bedrag, de arts zijn diensten verleent tegen een voldoend en royaal bedrag en waar beiden de bedongen voordelen in hun geheel en royaal ontvangen.'[7] Hiermee werden arts en ziekenfondspatiënt als gelijke partijen gezien, ook in de spreekkamer. Deze verzakelijking werd bepalend voor het beleid dat de NMG vanaf 1900 zou ontwikkelen.

DE GULDEN IN DE SPREEKKAMER 1900-1941: HET NMG-ZIEKENFONDSBELEID

De artsen hadden vanaf 1900 met hun NMG gegronde redenen om een landelijk beleid voor de ziekenfondsverzekering te voeren. Het kabinet-Kuyper kwam in 1904 met ontwerpen voor ziekteverzekeringswetgeving, waarbij de NMG om advies werd gevraagd. Dit was de eerste keer waarbij de overheid de relatie arts-patiënt financieel zou kunnen reguleren.

De tweede keer was in 1909-1910 toen minister van Arbeid A.S. Talma zijn ziektewet met ziekenfondsverzekering ontwikkelde. De NMG was hierop voorbereid en voerde een intensieve lobby om haar ideeën over erkenning en inrichting van ziekenfondsen, vrije artsenkeuze, de welstandsgrens, scheiding van ziekengelduitkering en verzekering van geneeskundige zorg, abonnementshonoraria en praktijkgroottes in Talma's wetgeving te krijgen. Deze lobby had succes, want vrijwel alle wensen van de NMG werden door Talma overgenomen.

De ziektewet kwam er echter niet voor 1912, het einde van het ministerschap van Talma. De wet werd pas in 1930 aangenomen. Wetgeving voor de regeling van de ziekenfondsverzekering mislukte voor 1941, omdat geen enkele minister van Arbeid of Sociale Zaken in staat bleek om regelgeving te ontwikkelen die voor de NMG, de vakbeweging of de ziekenfondsen zelf aanvaardbaar was.[8] De Duitse bezettende overheid lukte dit in november 1941 met de verplichte ziekenfondsverzekering volgens het Ziekenfondsenbesluit.

De NMG vulde dit vacuüm tot 1941 op met een eigen beleid voor de in opkomst zijnde particuliere ziektekostenverzekering en de ziekenfondsen. De artsenorganisatie kon haar leden, 95% van de Nederlandse artsen, tot uitvoering van het landelijk beleid verplichten door de invoering van bindende besluiten. Deze besluiten waren daardoor ook bepalend voor de financiële relatie tussen arts en patiënt in de spreekkamer als zij de verzekering van zorg betroffen.

Voor de particuliere ziektekostenverzekering werd in 1918 besloten om de NMG-leden te verbieden om contracten aan te gaan met particuliere verzekeraars.[9] De particuliere polis was een zaak tussen verzekerde en verzekeraar, niet van de arts. De verzekeraar mocht zich daar tegenover niet met de praktijkvoering van een arts bemoeien. Deze richtlijn bleef bestaan tot aan het einde van de particuliere ziektekostenverzekering in 2006.

De artsen beschouwden de ziekenfondsverzekering wel als hun knollentuin. Het grootste deel van de Nederlandse bevolking, meer dan 70%, was in staat de ziekenfondspremie te betalen. Huisartsen- en specialistenzorg behoorden vanaf 1910-1915 beide tot de ziekenfondsverstrekkingen. De Algemene Vergaderingen van de NMG van 1912 en 1913 namen bindende besluiten aan die direct invloed hadden op de rol van de gulden in de spreekkamer:

Bij bestaande ziekenfondsen moesten de individuele artsenovereenkomsten worden vervangen door collectieve overeenkomsten met de NMG. In deze contracten moesten bepalingen worden opgenomen over vrije artsenkeuze, welstandsgrenzen, premies en honoraria. Huisartsen moesten worden gehonoreerd op abonnement, specialisten per verrichting. De NMG zou eigen fondsen oprichten, de zogenaamde Maatschappijfondsen, met door artsen, apothekers en verzekerden samengestelde besturen.

Vanaf 1917 tot 1941 ontwikkelde zich in de steden een stelsel van collectieve contracten dat concurrentie tussen ziekenfondsen en zorgaanbieders beperkte tot premie- en honorariumonderhandelingen bij verlenging of vernieuwing van deze contracten. Dit zorgde voor stabiele, sociaal aanvaardbare premies, redelijke honoraria voor artsen en apothekers en voor de fondsen de garantie van voldoende contracteerbare medewerkers en beheersbare exploitaties. Door het afsluiten van deze overeenkomsten werd een privaatrechtelijk ziekenfondsrecht ontwikkeld, dat in de spreekkamer en de apotheek tot 1941 bepalend was voor de financiële en juridische verhoudingen tussen arts, patiënt en apotheker. Voor de uitvoering en controle op deze overeenkomsten werden Commissies van Toezicht opgericht die de verrekeningen van honoraria en de controle over praktijkgroottes en de receptkosten verrichtten.[10]

De Maatschappijfondsen kwamen vanaf 1915 tot bloei, vooral in de plattelandsregio's. In de besturen van deze fondsen spanden artsen en de vertegenwoordigers van de verzekerden zich gezamenlijk in voor een zo volledig mogelijke en betaalbare zorg. De Maatschappijfondsen waren door deze gedeelde verantwoordelijkheid voor zorg een uniek type ziekenfonds in de Europese classificatie van sociale verzekeringsfondsen.[11] In geen ander land waren artsen in staat om door collectieve belangenbehartiging dergelijke fondsen op te richten.

De NMG wist door het stelsel van collectieve contracten en Maatschappijfondsen voor de verzekering van curatieve zorg een deel van het vacuüm op te vullen, waartoe de overheid door het falen van ziekenfondswetgeving tot

1941 niet in staat was. Doelstellingen als vrije artsenkeuze, verbetering van de eigen welstand, maar ook verbetering van de positie van de ziekenfondsverzekerde en van de gezondheidszorg werden gerealiseerd. De opname van insuline in de ziekenfondspakketten is een voorbeeld van dit beleid. Vanaf 1925 werd door samenwerking van artsen en ziekenfondsbesturen insuline door de ziekenfondsen vergoed. Hierdoor verbeterde de levensverwachting van diabetespatiënten én konden de ziekenfondsen hen inschrijven als betaalbare risico's.

De rol van de gulden in de spreekkamer werd tot 1941 dus niet gereguleerd door wetgeving, maar bepaald door de interactie van artsen en andere bij de financiering van zorg betrokken maatschappelijke partijen. De relaties in de ziekenfondsverzekering waren daarbij de belangrijkste elementen. Dit veranderde in november 1941 met het Ziekenfondsenbesluit.

HET ZIEKENFONDSENBESLUIT EN DE GULDEN IN DE SPREEKKAMER VANAF 1941: DE HUISARTSENPRAKIJK

De Duitse bezettende overheid zorgde met het Ziekenfondsenbesluit voor een revolutie in de Nederlandse curatieve zorg. Met dit Besluit werd door de invoering van de verplichte ziekenfondsverzekering de overheid beleidsbepaler voor de gulden in de spreekkamer.[12] Het private ziekenfondsverzekeringsbestel werd vervangen door een publiek-privaat bestel, waarbij de overheid de landelijk uniforme inkomensafhankelijke premie en loongrens vaststelde, de inhoud en vorm van het pakket verzekerde zorg bepaalde en eiste dat de verhoudingen tussen ziekenfondsen en zorgaanbieders door middel van landelijke overeenkomsten werden geregeld.

Het stelsel van plaatselijke collectieve overeenkomsten werd vervangen door landelijke overeenkomsten tussen ziekenfondsen en individuele beroepsgroepen. Huisartsen en specialisten onderhandelden vanaf 1946 niet meer gezamenlijk onder de vlag van de NMG op plaatselijk of regionaal niveau met de ziekenfondsen. De landelijk samenwerkende ziekenfondsen onderhandelden met nieuwe beroepsorganisaties van huisartsen, de Landelijke Huisartsen Vereniging (LHV), van specialisten, de Landelijke Specialisten Vereniging (LSV), en beroepsorganisaties van andere zorgaanbieders als tandartsen en fysiotherapeuten. De ziekenfondsen werden beschouwd als belangenbehartigers die namens hun verzekerden, meer dan 70% van de Nederlandse bevolking, onderhandelden over tarieven, inhoud en kwaliteit van zorg. Zij waren tegenover hen verantwoordelijk voor 'de hardheid van de gulden in de spreekkamer'.

De eerste afspraken voor huisartsen met landelijke tarieven en regelgeving voor de ziekenfondspraktijk werden in 1947 gemaakt. Deze afspraken werden na lang onderhandelen in 1955 vervangen door de eerste landelijke modelovereenkomst. De tijden waren voorbij dat huisartsen, specialisten en ziekenfondsbesturen in een café of parochiezaaltje met cognac en sigaren over centen en dubbeltjes confereerden. De beroepsorganisaties moesten aan de ziekenfondsen aantonen waarom zij kostenvergoedingen in de honoraria wilden doorberekenen. Kostenvergoedingen werden gekoppeld aan harde onderzoekscijfers.[13]

Tariefonderhandelingen konden harmonieus verlopen, maar ook met felle conflicten. In 1954 en 1966 hadden huisartsen en ziekenfondsen hooglopende ruzie door verschillende opvattingen over tarieven en praktijkgroottes. In 1966 werd gedreigd met een huisartsenstaking en 'lagen de bonboekjes voor de ziekenfondsverzekerden al klaar'. Door bemiddeling van minister van Sociale Zaken Gerard Veldkamp werd nog op tijd een nieuwe modelovereenkomst getekend. De ziekenfondsen hadden hierbij tot het uiterste weerstand geboden tegen de eisen van de LHV, maar moesten toegeven. Zij waren volgens het Ziekenfondsenbesluit, in 1964 vervangen door de Ziekenfondswet, gedwongen om iedere nieuwe arts die een praktijk wilde vestigen, een contract aan te bieden.

De verhoudingen tussen de ziekenfondsen/zorgverzekeraars en de huisartsen veranderden onder invloed van de ideeën over marktwerking in de zorg, geïnspireerd door de voorstellen van de commissie-Dekker uit 1986. De landelijke contracteerplicht werd in 1992 afgeschaft. De huisarts ging steeds zakelijker werken. De gulden die hij voor zijn werk in de spreekkamer van de zorgverzekeraar kreeg, werd steeds meer afhankelijk van de kwaliteit van zijn administratie. Deze ontsteeg door automatisering het niveau van de patiëntenkaartenbakken met goede historieoverzichten en medicatiebewaking. Cijfers werden steeds belangrijker. Een patiëntencontact werd in 1991 voor vergoeding geraamd op achtenhalve minuut en deze norm geldt nog steeds.[14]

De solopraktijk-huisarts werd sinds de introductie van wijkgezondheidscentra in de jaren zeventig en in de zogenaamde HOEDEN (huisartsen onder één dak) van de jaren negentig vervangen door groepspraktijken. De huisarts, in de Structuurnota van 1974 beschreven als poortwachter voor de zorg van zijn patiënten, werd in 1994 door de commissie-Biesheuvel in een rapport over modernisering van de curatieve zorg genoemd als 'beslisser over de kosten die al dan niet verderop in de gezondheidszorg worden gemaakt'. De huisarts zorgde dus niet alleen meer voor de gulden in zijn eigen spreekkamer of die van de groepspraktijk, maar ook voor de beheersing van de kosten in de rest van de gezondheidszorg: de eerste en tweede lijn.

Het oude abonnementshonorarium uit de ziekenfondspraktijk werkte in het voordeel van de huisartsen die snel doorverwezen. Het oude verrichtingentarief uit de particuliere praktijk stimuleerde huisartsen om zoveel mogelijk zelf te behandelen. Maatschappelijk en politiek leek er consensus te bestaan om de voordelen van deze historische scheiding te combineren. Verzekeraars, huisartsen en overheid waren het er in 2000 over eens dat de honoreringspraktijk moest worden aangepast. Factoren buiten de spreekkamer als demografische ontwikkelingen, ketenvorming in de zorg, werken in achterstandswijken en de verschuiving naar vraaggestuurde zorg waren oorzaken voor taakverzwaring en taakveranderingen voor de huisarts.

De huisartsen werden, evenals in 1966, echter steeds ontevredener over de honorering van hun inspanningen. Het belang van de gulden in de spreekkamer werd politiek snel groter. Zonder deugdelijke financieringsstructuur en goede functionele omschrijving van de door huisartsen verleende medische en sociale zorg zou de invoering van de op stapel staande basisverzekering voor curatieve zorg volgens de Zorgverzekeringswet in 2006 niet mogelijk zijn. Na langdurig onderhandelen tussen de LHV en Zorgverzekeraars Nederland, de opvolger van de ziekenfonds- en ziektekostenverzekeraarsorganisaties, werd in 2006 een nieuwe modelovereenkomst afgesloten waarin de verschillende honoreringssystemen werden samengevoegd. De huisartsen kregen vanaf 2006 een bedrag per verzekerde per kwartaal, afhankelijk van werkomstandigheden. Consulten, visites en bijzondere zorg werden gehonoreerd per verrichting.

De modelovereenkomst LHV-ZN uit 2006 vormde het sluitstuk van de structurering en financiering van het huisartsenberoep zoals deze sinds 1900 was ontwikkeld. De eeuwenoude scheiding tussen ziekenfonds- en particuliere praktijk werd door de basisverzekering curatieve zorg opgeheven. De overeenkomst maakte een einde aan de in 1908 door de NMG gemaakte verdeling tussen abonnements- en verrichtingenhonoraria, die in 1941 en 1964 door het Ziekenfondsenbesluit en de Ziekenfondswet was bevestigd. Ook aan de kruissubsidiëring van de ziekenfondsen- door de hogere particuliere tarieven kwam een einde. Het huisartsenberoep leek door deze nieuwe financiering met de euro, de vervanger van de gulden, voor het werk in de spreekkamer toekomstbestendig geworden.

HET ZIEKENFONDSENBESLUIT EN DE GULDEN IN DE SPREEKKAMER VANAF 1941: DE SPECIALISTENPRAKIJK

In 1946 werden de eerste landelijke onderhandelingen voor specialistenhonoraria voor de ziekenfondsverzekering gestart. De specialisten wilden na decennia van vooroorlogse onderbetaling loon naar werken. De LSV, de landelijke specialistenorganisatie, probeerde dit in 1946 tijdens onderhandelingen met de ziekenfondsorganisaties te realiseren met landelijke abonnementshonoraria, maar daar wilden leden zelf niet aan. Zij stonden op de invoering van klinische en poliklinische verrichtingen.[15] De ziekenfondsorganisaties wilden daar evenwel niet aan beginnen, want zonder beperkingen betalen aan de verrichtingen in de spreekkamer der specialisten was voor hen een bodemloze put.

Na het nodige wapengekletter en ingrijpen door minister van Sociale Zaken Dolf Joekes werd in 1949 een compromis bereikt: de specialisten kregen hun verrichtingentarieven, die voor de ziekenfondsen werden beperkt door degressieve tarieven als het verwijzingspercentage door de huisartsen met meer dan 15% zou stijgen. De LSV kon met deze degressieve tarieven instemmen omdat grotere praktijken deze kortingen beter konden dragen dan kleinere.[16] Op 1 juli 1949 werd het eerste landelijke tariefboekje voor specialistische verrichtingen gepubliceerd. Dit nieuwe verrichtingenstelsel bepaalde in het vervolg de verhoudingen tussen de specialisten en de ziekenfondsen en daarmee de hoogte van het tarief in de specialistische spreekkamer.

Het compromis van de degressieve tarieven leek mooi, maar specialisten en ziekenfondsen bleven ontevreden. De kortingen waren veel specialisten een doorn in het oog, terwijl veel ziekenfondsen het gevoel bleven houden 'een stap in het duister te doen'.[17] Een bemiddelingscommissie, de commissie-Bingen, vond in 1953 dat huisartsen beter werden betaald dan specialisten, hoewel de uitoefening van het specialistenberoep 'hogere eisen stelt aan de intelligentie en/of de zintuigelijke begaafdheid van de medicus'.

De tarieven gingen vanaf 1955 omhoog en de degressieve kortingen werden onder druk van specialisten met grote praktijken afgeschaft. De tarieven werden technisch en trendmatig aangepast, totdat in 1984 staatssecretaris Joop van der Reijden de stijging van het aantal verwijzingen en de kosten van specialistische zorg wilde indammen. Hij bracht voor het eerst sinds 1955 weer korting door degressieve tarieven bij de onderhandelingen over een nieuwe modelovereenkomst ter sprake, tot woede van de beroepsgroep.[18] Specialisten werd verweten dat zij hun inkomen probeerden op te schroeven, waardoor zij op hun beurt het gevoel kregen beschouwd te worden als de aanjagers van de kostenstijgingen in de zorg.

Het gevolg was een gespannen sfeer tussen de ziekenfondsen, de LSV en de overheid, die uitmondde in het LSV-conflict van 1988-1989. De LSV gaf de ziekenfondsen de schuld van het conflict, terwijl Van der Reijden door zijn kortingen de knuppel in het hoenderhok had gegooid. De LSV verbrak de overeenkomsten met de fondsen. De ziekenfondsverzekerden waren daardoor de dupe. Zij moesten zelf de rekeningen van hun specialist betalen en konden deze daarna naar het fonds sturen, met een hoop administratieve ellende van dien. Het conflict werd in 1989 beëindigd met het Vijf Partijen Akkoord tussen de LSV, de samenwerkende organisaties van ziekenfondsen en ziektekostenverzekeraars, de Nationale Ziekenhuisraad en de overheid.

De overeenkomst bleek geen rem op de kostenstijging voor specialistenzorg na 1989. De rol van de overheid bij de gulden in de spreekkamer van de specialisten was steeds groter geworden, maar opgelegde kortingsmaatregelen bleken niet te helpen. Voor de periode 1993-1996 werd een nieuwe overeenkomst gesloten waarbij de specialistische zorg op landelijk niveau aan een maximum of lump-sum bedrag werd gebonden. Deze budgettering werkte door productiviteitskortingen en gebrekkige doelmatigheidsprikkels averechts en bezorgde veel specialisten grote ergernis.

Veel leden van de beroepsgroep voelden zich in 1994 verder in het nauw gedreven door het rapport van de commissie-Biesheuvel over het 'medisch-specialistisch bedrijf'. Deze integratie van verpleging en medisch-specialistische zorg sloot aan op de groter wordende verwevenheid van specialisten en ziekenhuisorganisaties en de zorgketen huisarts-intramurale instellingen-specialist. Hierdoor was een nieuwe bekostigingsstructuur nodig waarin de financieringsstromen uit de particuliere en ziekenfondsverzekeringen voor verpleging, geneeskundige zorg en onderzoek konden worden samengevoegd. Deze integratie zou op haar beurt de invoering van een basisverzekering maatschappelijk en politiek ondersteunen.[19]

Het rapport was om twee redenen tegen het zere specialistische been. De LSV vond dat de leiding van het medisch-specialistisch bedrijf zonder argumentatie in handen werd gelegd van het niet-medische ziekenhuismanagement. Het grootste struikelblok was de angst van specialisten voor het verlies van hun status als vrije ondernemer. Specialisten in loondienst vreesden voor inkomensdaling.

De voorstellen van de commissie-Biesheuvel voor het doorbreken van de bijna een eeuw oude verhouding tussen specialisten, ziekenfondsen, ziektekostenverzekeraars en ziekenhuizen maakten in 1998 de Wet Geïntegreerd Medisch Specialistisch Bedrijf mogelijk. De uitvoering van de Wet met de geïntegreerde financieringssystematiek van ziekenhuisverpleging en specialistische zorg zou echter nog heel wat voeten in de aarde krijgen. Vrijgevestigde specialisten waren fel op hun autonomie, inkomen en status en hadden geen direct belang bij een loondienstverband met een ziekenhuis. Verzekeraars van zorg wilden een efficiënt en beheersbaar tariefstelsel. Het resultaat werd na jaren voorbereiding in 2006 ingevoerd als het Diagnose Behandeling Combinatie of DBC-systeem, precies op tijd voor de stelselwijziging van de Zorgverzekeringswet en de basisverzekering curatieve zorg.

De euro speelde vanaf 2006 in de spreekkamer van de specialist een rol, die niet meer uitsluitend afhankelijk was van de onderhandelingen tussen de organisaties van zorgverzekeraars en specialisten. De honorering was afhankelijk geworden van de verrekening door de ziekenhuisadministratie en werd samengevoegd met de verpleegtarieven van de instelling waar de specialist werkte. Net als voor huisartsen was voor de specialisten de samenvoeging van de particuliere en de ziekenfondspraktijk in 2006 het einde van een tijdperk waarin de gulden en de euro door kruisbestuiving tariefdifferentiatie tussen beide verzekeringssystemen hadden mogelijk gemaakt.

SLOT

In 2006 werd de rol van de gulden/euro in de spreekkamer van huisartsen en specialisten vernieuwd. Tot dan toe werd deze bepaald door de differentiatie tussen ziekenfonds- en particuliere tarieven. Dit was een breukvlak in een lange ontwikkeling. De huisartsen en specialisten waren tot 1941 in staat om met hun belangenorganisatie NMG landelijk beleid te voeren op de markt van de curatieve zorg, zowel voor de ziekenfonds- als de ziektekostenverzekering. Dit veranderde in 1941 door de regelgeving van het Ziekenfondsenbesluit, in 1964 vervangen door de Ziekenfondswet. De overheid bepaalde sindsdien de kaders waarin ziekenfondsen en artsen konden onderhandelen over landelijke overeenkomsten. Specialisten en huisartsen konden niet meer acteren onder de vlag van één belangenorganisatie, maar kwamen gescheiden in LHV en LSV met de ziekenfonds- en zorgverzekeraarsorganisaties tot contracten.

De verzekerde zelf had geen invloed op de gulden/euro in de spreekkamer. Hij werd vertegenwoordigd door organisaties van ziekenfondsen en ziektekostenverzekeraars. Maar direct als particulier of indirect als ziekenfondsverzekerde betaalde hij met zijn gulden of euro wel de dienstverlening van de huisarts of specialist.

NOTEN

1. S. Bos, *"Uyt liefde tot malcander". Onderlinge hulpverlening binnen de Noord-Nederlandse gilden in internationaal perspectief (1570-1820)*, Stichting IISG Beheer, Amsterdam 1998, p. 23-24.
2. K.P. Companje, *Over artsen en verzekeraars. Een historische studie naar de factoren die de relatie ziekenfondsen-artsen vanaf 1827 op landelijk en regionaal niveau hebben beïnvloed*, Van Tricht uitgeverij, Twello 1997, p. 36.
3. H.F. van der Velden, *Financiële toegankelijkheid tot gezondheidszorg, 1850-1941. Medische armenzorg, ziekenfondsen en de verenigingen voor ziekenhuisverpleging op nationaal en lokaal niveau (Schiedam, Roordahuizem en Amsterdam)*, Erasmus Publishing, Rotterdam 1993, p. 49.
4. P. Juffermans, *Staat en gezondheid in Nederland. Met een historiese beschouwing over het overheidsbeleid ten aanzien van gezondheidszorg in de periode 1945-1970*, SUN, Nijmegen 1982, p. 117.
5. Van der Velden, *Financiële toegankelijkheid tot gezondheidszorg, 1850-1941*, p. 58.
6. Rapport over de ziekenfondsen te Amsterdam. Uitgebracht door de Ziekenfondscommissie, ingesteld bij Besluit van 28 October 1897 door de Afdeeling Amsterdam van de "NMG". Amsterdam: 1900.
7. Companje, *Over artsen en verzekeraars*, p. 49.
8. Ibidem, p. 328.
9. K.P. Companje, *Tussen volksverzekering en vrije markt. Verzekering van zorg op het snijvlak van sociale verzekering en gezondheidszorg 1880-2006*, Aksant, Amsterdam 2007, p. 298.

10 Companje, *Over artsen en verzekeraars*, p. 282.
11 Companje, *Tussen volksverzekering en vrije markt*, p. 524.
12 Companje, *Tussen volksverzekering en vrije markt*, p. 633-635.
13 N. de Graaff, *Veertig jaar en volgende. Ontwikkelingen in en rond de Landelijke Huisartsen Vereniging*, LSV, Utrecht 1996, p. 20-21.
14 Commissie-Biesheuvel, *Gedeelde zorg betere zorg. Achtergrondstudies van de Commissie modernisering curatieve zorg*, WVC, Den Haag 1994, p. 17-19, 21 en 23.
15 Companje, *Tussen volksverzekering en vrije markt*, p. 647.
16 A. Juch, *De medische specialisten in de Nederlandse gezondheidszorg. Hun manifestatie en consolidatie, 1890-1941*, Erasmus Publishing, Rotterdam 1997, p. 43.
17 Companje, *Tussen volksverzekering en vrije markt*, p. 649.
18 Ibidem, p. 651.
19 Commissie-Biesheuvel, *Gedeelde zorg betere zorg*, p. 61.

MARION REINARTZ

Zorgen om zorgkosten bij zorg(vraag) of gewoon kostenbewust?

Een beschouwing vanuit patiëntenperspectief

SAMENVATTING
Gezondheid, gezond blijven en gezondheidszorg kosten geld. Daar waar mensen hun eigen verantwoordelijkheid kunnen nemen voor hun gezondheid, wordt dat ook van hen verwacht. Vanuit patiëntenperspectief wordt beschreven voor welke dilemma's groepen zorggebruikers zich gesteld zien en tot welke (kosten)overwegingen dit leidt. Deze overwegingen veroorzaken spanningen bij hen, die ook in de spreekkamer meegenomen worden. Vanuit deze analyse doet Zorgbelang suggesties om eigen verantwoordelijkheid in zorggebruik een bredere invulling te geven, namelijk een verantwoordelijkheid voor patiënt én zorgverzekeraar én zorgverlener.

TREFWOORDEN:
zorgkosten, zorggebruik(ers), patiëntenperspectief, eigen verantwoordelijkheid, (kosten)overwegingen

INLEIDING

Gezondheid, gezond blijven en gezondheidszorg kosten geld. Dat zal niemand ontkennen. Daar waar mensen hun eigen verantwoordelijkheid kunnen nemen voor hun gezondheid, wordt dat ook van hen verwacht. Dit is de maatschappelijke tendens. Ook vanuit patiëntenperspectief wordt dit onderschreven, echter wel met de toevoeging 'naar ieders mogelijkheid'. Dit laatste wordt wel eens vergeten. In (landelijke) discussies over zorgkosten wordt vaak ongenuanceerd gesproken over een ongebreideld zorggebruik, waarbij door sommigen de patiënt wordt neergezet als enkel de eisende consument voor wie 'the sky the limit' zou zijn. Bij een dergelijke discussie wordt ook vaak een eendimensionale benadering van de eigen verantwoordelijkheid van de patiënt gehanteerd.

In dit artikel wil ik dit beeld nuanceren aan de hand van opgehaalde ervaringen bij de achterbanleden van Zorgbelang Gelderland/Utrecht en andere patiëntengroepen. Na een korte introductie over Zorgbelang laat ik zien voor welke dilemma's groepen zorggebruikers kunnen komen te staan. Deze dilemma's nemen zij ook mee naar de spreekkamer. De dilemma's maken een meer genuanceerde en een breder kijken naar eigen verantwoordelijkheid noodzakelijk. Aan het einde van dit artikel doe ik hiertoe een aantal suggesties.

Zorgbelang Gelderland/Utrecht is een patiëntenbelangenorganisatie in de provincies Gelderland en Utrecht, waar 470 categorale patiëntenorganisaties aan verbonden zijn.[1] Daarnaast zijn zo'n duizend burgers uit beide provincies lid van ons e-panel. Beide groepen worden door Zorgbelang bevraagd over hun mening en ervaringskennis. Bovendien participeert Zorgbelang met enige regelmaat in zogenaamde Meldacties. Dit zijn grotere, meestal landelijke meldacties over een specifiek onderwerp, waarbij samengewerkt wordt met andere provinciale Zorgbelangorganisaties en met de Nederlandse Patiënten Consumenten Federatie (NPCF), waaronder de jaarlijkse meldactie over zorgkosten. In diverse focusgroepen – waar ervaringskennis wordt opgehaald bij onze achterbanleden om bijvoorbeeld de kwaliteit of de dienstverlening van zorg en/of organisatie te verbeteren – komen 'zorgkosten' vaak aan de orde.[2]

Onze achterbanleden hebben veelal een chronische aandoening en zijn tevens kritisch. Zij zijn zich er terdege van bewust dat zij door hun aandoening(en) en het daaraan verbonden zorggebruik zorgkosten genereren. Daarnaast willen ze, als mens, gewoon hun leven leiden en participeren in de maatschappij, zoals wonen, sociale contacten onderhouden, reizen naar werk/dagbesteding/zorgverlener(s) en hobby's. Net zoals iedere Nederlander moeten ook zij keuzes in uitgaven maken over wat financieel haalbaar is. Maar veel mensen met een chronische aandoening hebben een beperkt inkomen. In tegenstelling tot gezonde, incidentele gezondheidszorggebruikers wegen de zorgkosten en reiskosten voor consult-/onderzoeksbezoeken bij deze groepen zwaarder op hun besteedbaar inkomen.

Daarnaast is voor deze groep het besteedbare inkomen de afgelopen jaren gekrompen door bezuinigingen of afschaffing van toeslagen, zoals afschaffing tegemoetkoming eigen risico, verlaging huurtoeslagen, verhoging eigen bijdragen, verhoging eigen risico. Deze stapeling van kosten leidt zowel tot een groter kostenbewustzijn alsook tot het mijden en/of uitstellen van zorg. Ik ga daar wat verder op in door een aantal aspecten wat uitgebreider te belichten.

KOSTENBEWUST

Uit de landelijke NPCF-meldacties en uit de focusgroepen komt naar voren dat door het transparanter worden van zorgkosten, zorgvragers ook kostenbewuster zijn geworden. Dit kostenbewustzijn door inzicht in kosten leidt tot:

- een meer weloverwogen gebruik van de zorg. Zowel omdat het eigen zorgkosten betreft, als ook om de kosten van de zorg op zich omdat men zich medeverantwoordelijk voelt voor het betaalbaar houden van de zorg.
- het meenemen van de afweging wat de behandeling voor het individu waard is.
- ondersteuning van de eigen motivatie om de voorschriften van de arts te volgen. Met andere woorden: het kan een positief effect hebben op de therapietrouw.

Het merendeel van de deelnemers van de meldactie van 2015 vindt ook dat kosten geen rol mogen spelen in de keuze voor wel of niet behandelen.[3] Dit laatste doet zich in de praktijk echter wel voor.

ZORGKOSTEN: EEN FINANCIËLE DREMPEL VOOR TOEGANG TOT (NOODZAKELIJKE) ZORG

De eerdere genoemde stapeling van kosten noopt zorgvragers met een smalle beurs om keuzes te maken die zijzelf niet wensen. Het is duidelijk dat dit spanningen kan veroorzaken.

Uit een van de focusgroepen van Zorgbelang blijkt dat mensen met meerdere chronische aandoeningen een overstap naar een budgetpolis overwegen, omdat zij anders hun ziektekostenpremie niet kunnen betalen en geen wanbetaler willen worden; wetende dat deze budgetpolis onvoldoende dekking heeft voor de voor hen noodzakelijke zorg. Zij ervaren dit als een bijzonder lastig dilemma: welke keuze is wijs?

Eveneens blijkt dat mensen zich zorgen maken dat zij niet meer deel kunnen nemen aan preventieve programma's zoals medische fitness voor diabetes- en COPD-patiënten, als zij dit niet meer vergoed krijgen uit de aanvullende verzekering. Hun minimuminkomen (uitkering) laat een wekelijkse eigen bijdrage niet toe omdat zij ook rekening moeten houden met de 385 euro eigen risico die zij sowieso moeten betalen, gegeven hun noodzakelijke zorg. Uit de landelijke meldactie-2015 van de NPCF blijkt dat voor 14% van de deelnemers (n = 9487) het eigen risico weleens een reden is geweest om af te zien van een (vervolg-)behandeling.

Gespreide betalingsmogelijkheid zou voor deze mensen een welkome uitkomst bieden. Meerdere zorgverzekeraars bieden deze mogelijkheid, maar dit is nog niet bij iedereen bekend (30% is onbekend met betaalregeling). Daarnaast heeft 22% wel eens een jaar later een naheffing van het verplichte eigen risico ontvangen (NPCF meldactie-2015). Zowel zorgverzekeraars als zorgverleners zouden hun verzekerden/patiënten actiever moeten attenderen op deze mogelijkheid. Dit geeft mensen financiële lucht en kan ook helpen om 'de euro uit de spreekkamer' te halen.

Wat ook een financiële drempel opwerpt, is dat patiënten niet vooraf een indicatie van hun behandelaars krijgen van wat een behandeling gaat kosten. Mensen willen dit weten in verband met hun eigen risico en/of andere betalingen. Zij willen graag de regie houden over hun eigen financiële situatie.

Daar waar elders in de maatschappij het normaal is dat bij afname de klant/consument weet hoeveel het gaat kosten (bijvoorbeeld door een prijsopgave te ontvangen), hanteren zorgverleners en zorgverzekeraars de werkwijze van het achteraf sturen van rekeningen. Terwijl het in de zorg vaak om grote bedragen gaat.

Met regelmaat nemen mensen contact op met Adviespunt Zorgbelang[4] voor ondersteuning omdat zij in een spagaat zitten tussen zorgverlener en zorgverzekeraar over onverwachte bijbetalingen. Bijvoorbeeld: vóór een operatie is niet verteld dat de budgetpolis slechts een gedeelte vergoedt. Voor de patiënt betekent dit dat hij 25% zelf moet betalen. Het ziekenhuis verwijst naar de zorgverzekeraar en stelt dat deze de patiënt had moeten informeren. De verzekeraar verwijst daarvoor naar het ziekenhuis. Het moge duidelijk zijn dat deze werkwijze de eigen regie, het kostenbewustzijn en de eigen verantwoordelijkheid van verzekerden/patiënten bemoeilijkt, terwijl dit alles wel van hen wordt verwacht.

ZORGKOSTEN NAAR EIGEN VERANTWOORDELIJKHEID

Hiermee kom ik terug op hetgeen in het begin genoemd is: eigen verantwoordelijkheid naar ieders mogelijkheid, een breder kijken naar eigen verantwoordelijkheid. Het zou zowel zorgverzekeraars als zorgaanbieders sieren hierin eveneens hun verantwoordelijkheid te nemen. Ik noem hier een aantal voorbeelden hoe aan de verantwoordelijkheid invulling zou kunnen worden gegeven.

Zorgverzekeraars zouden meer transparanter en meer bekendheid moeten geven over:
- betalingsregelingen voor gespreide betaling eigen risico en dit onder de aandacht brengen
- in begrijpelijke taal helder informeren en verwoorden wat wel en niet vergoed wordt
- zo ook wat de eigen bijdragen zijn
- kritisch kijken naar beperkende polisvoorwaarden bij preventieve zorg. Het gezegde 'Voorkomen is beter dan genezen' geldt namelijk ook in relatie tot (toekomstige) zorgkosten.

Zorgverleners zullen ook in hun spreekkamer moeten praten over de kosten die gemoeid zijn met de voorgestelde behandeling:
- vooraf een indicatie geven van de kosten
- alternatieve behandelingen ook in het gesprek meenemen
- patiënten attenderen op betalingsregelingen, zowel bij zorgverzekeraars als bij gemeenten
- patiënten aanraden om hun verzekeringspolis goed na te kijken en zo nodig hun verzekeraar te raadplegen
- patiënten bedenktijd geven, opdat zij een weloverwogen beslissing kunnen nemen.

Immers, de veranderende verwachting ten aanzien van de verzekerde/patiënt in het betaalbaar houden van de gezondheidszorg brengt ook een veranderende verwachting ten aanzien van de verantwoordelijkheid van de zorgverzekeraar en zorgverleners.

Door de euro bespreekbaar te maken, kan voorkomen worden dat deze euro een groeiend zorgmijdend karakter in de spreekkamer krijgt.

NOTEN

1 Categorale patiëntenorganisaties, verbonden aan Zorgbelang Gelderland/Utrecht, variëren van ziekte-specifieke patiëntenverenigingen (zoals Diabetesvereniging Nederland, Reumaverenigingen), ouderenbonden tot cliëntenraden van zorginstellingen, Wmo-raden van gemeenten.
2 Diverse focusgroepen gehouden door Zorgbelang over: gebruik van zorg in relatie tot kosten; ketenzorg Diabetes; Shared Decision Making & eHealth.
3 NPCF, *Meldactie Inzicht in Zorgkosten?*, 2015. Zie: https://www.npcf.nl/Documenten/meldacties/RapInzichtinZorgkostendef.pdf.
4 Adviespunt Zorg Zorgbelang biedt onafhankelijke ondersteuning aan burgers bij vragen en klachten over de zorg. Adviespunt Zorgbelang is een initiatief van Zorgbelangorganisaties. Voor meer informatie zie: http://adviespuntzorgbelang.nl/. Zorgbelangorganisaties komen op voor de belangen van zorg- en welzijnsgebruikers in iedere regio en zetten zich samen in voor de kwaliteit van de Zorg. Zorgbelang Gelderland/Utrecht is ISO-gecertificeerd.

ANNEKE KRAMER

Dilemma's in de spreekkamer: de invloed die vergoeding van zorg heeft op het gedrag van patiënt en arts

SAMENVATTING
In dit hoofdstuk ga ik dieper in op de gevolgen in de spreekkamer van de nieuwe Zorgverzekeringswet van 2006. Aan de hand van praktijkervaringen in een achterstandswijk laat ik zien hoe de nieuwe wet het gedrag van patiënt en huisarts beïnvloedt. Consulten duren langer om zaken goed uit te leggen en om onbegrip en boosheid te bespreken. Financiële en vergoedingsregels hebben invloed op de kwaliteit van de zorg en de professionele autonomie van de dokter. Het kan leiden tot zorgmijding en ongelijke toegang tot zorg, afhankelijk van sociaal-economische klasse, leeftijd en opleiding. De literatuur laat zien dat eigen risico tot zorgmijding leidt, vooral bij mensen met weinig inkomen. In de beschouwing bespreek ik dat de kosten van de gezondheidszorg te veel plaatsvinden in de spreekkamer ten koste van de kwaliteit van de zorg. Ik roep op tot een maatschappelijk debat over niet alleen de prijs, maar ook over wat het oplevert aan kwaliteit van leven, werkgelegenheid en gezonde arbeidskrachten. Tot slot pleit ik ervoor in de zorgopleidingen aandacht te geven aan zinnige en zuinige zorg.

TREFWOORDEN:
kosten van de zorg, zorgmijding, ongelijkheid in toegang tot de zorg, professionele autonomie, maatschappelijk debat.

INLEIDING

'Eerst was je een patiënt, toen een cliënt en nu een schadelast'[1]

Met de introductie van de nieuwe Zorgverzekeringswet in 2006 is er veel veranderd in de vergoeding van de gezondheidszorg. Als een huisarts die meer dan dertig jaar werkt in een achterstandswijk heb ik zowel ervaring met de oude situatie, die van ziekenfonds en particuliere verzekeringen, als met de nieuwe. Hoewel geld altijd een rol speelt in de zorg, is met de komst van de nieuwe zorgwet die rol veel groter geworden in mijn spreekkamer. De meeste van mijn patiënten hebben weinig geld. Zij ervaren de nieuwe zorgwet als een verslechtering omdat ze meer zelf moeten betalen aan de zorg. Ook ik zie een groot verschil met de toestand vóór de introductie van de nieuwe zorgwet. De gezondheidszorg wordt sindsdien benaderd als een te duur product en wordt daardoor vooral als een probleem beschouwd. Het lijkt alleen nog maar te gaan om de prijs en hoe die omlaag kan. Andere aspecten van zorg, zoals mededogen, wederkerigheid, 'zorg hebben om/voor', solidariteit en betekenisgeving tellen veel minder mee. Over de positieve bijdrage van goede gezondheidszorg aan de samenleving, aan de werkgelegenheid en aan gezonde arbeidskrachten, hoort men zelden.

In dit artikel vertel ik over mijn ervaringen in de spreekkamer met de nieuwe zorgwet. Ik leg uit hoe deze leidt tot allerlei 'compensatiegedrag', zowel bij patiënten als bij hulpverleners. Ik beschrijf wat bekend is in de literatuur over de effecten van de nieuwe zorgwet en eindig met een beschouwing.

ERVARINGEN MET COMPENSATIEGEDRAG

Geneesmiddel niet vergoed
Sinds de nieuwe zorgwet van kracht is, wordt steeds gekeken welke medicijnen wel of niet in het basiszorgpakket vallen en onder welke condities. Enkele voorbeelden: maagzuurremmers worden alleen vergoed bij langdurig gebruik. Maar soms is kortdurend gebruik medisch geïndiceerd, bijvoorbeeld ter preventie van een maagbloeding als iemand een zware pijnstiller moet slikken. De patiënt moet het dan zelf betalen. Als de patiënt heel weinig geld heeft, kan hij of zij dat niet betalen. Het gevolg is dat de patiënt de maagzuurremmer niet neemt met alle risico's van dien, of dat de apotheek sjoemelt.

Kalmerende medicijnen worden alleen vergoed als de patiënt een psychiatrische diagnose heeft volgens een DSM-code. In acute situaties (bijvoorbeeld overlijden van een kind) kan een kalmerend medicijn geïndiceerd zijn. De patiënt moet dat zelf betalen omdat de verwerking van verdriet geen psychiatrische diagnose is. Soms kan een patiënt de kosten niet opbrengen. Het gevolg is dat de huisarts sjoemelt door er een psychiatrische diagnose aan te hangen.

Tot slot: een richtlijn adviseert als middel van voorkeur een medicijn dat niet vergoed wordt. Als de patiënt weinig geld heeft, is de keuze voor een voor hem of haar minder geschikt middel dat wél vergoed wordt snel gemaakt, hoezeer het ook op gespannen voet staat met de beroepsethiek.

Concluderend: door medisch geïndiceerde medicatie niet te vergoeden kan het zijn dat een patiënt het geneesmiddel niet neemt, wat kan leiden tot complicaties. Indien een patiënt een middel van tweede of derde keus eist dat wel wordt vergoed, kan een hulpverlener zich genoodzaakt voelen te sjoemelen om de patiënt financieel niet te schaden. Het gevolg van een en ander is veel 'gedoe' in de spreekkamer (discussies, boze patiënten, morele afwegingen en dergelijke) die afleiden van het primaire proces, namelijk goede huisartsgeneeskundige zorg leveren.

Eigen risico
Op grond van de nieuwe zorgwet moet voor bijna alles eerst het zogenaamde 'eigen risico' worden aangesproken. In 2016 is dit een bedrag van 385 euro. Een bezoek aan de huisarts valt buiten dit eigen risico en wordt volledig gedekt door de zorgverzekeraar, maar voor bijvoorbeeld aanvullend onderzoek of voorgeschreven geneesmiddelen moet wel worden betaald tot het bedrag van het eigen risico is uitgegeven. De gedachte erachter is dat het mensen stimuleert kostenbewust om te gaan met zorg.

Als mensen weinig geld hebben, kan dit leiden tot de volgende situaties: een patiënt kan een duur geneesmiddel (bijvoorbeeld een inhalator) niet betalen en daardoor niet gebruiken. Iemand wil geen aanvullend onderzoek laten doen terwijl dit medisch gezien wel belangrijk is (bijvoorbeeld een urinekweek bij iemand met chronische urineweginfecties).

Het moeten aanspreken van het eigen risico kan ook tot hamstergedrag leiden: aan het einde van het jaar, als het volledige bedrag van het eigen risico is uitgegeven, willen mensen juist snel nog even 'inslaan' (grotere hoeveelheden van een geneesmiddel zodat er ook genoeg is voor het jaar daarop of ze willen eerder worden doorverwezen, omdat het dan niks meer kost). Bij mensen met een chronische ziekte is het bedrag snel op. Daarna is er vaak geen rem meer op de uitgaven.

Tot slot: als hulpverlener moet men zich er goed van bewust zijn of iets wel of niet onder het eigen risico valt. Bijvoorbeeld instructie door de apotheek aan een patiënt over hoe om te gaan met een inhalator valt wel onder het eigen risico en uitleg door de praktijkondersteuner niet.

Concluderend kan ook het principe van het eigen risico tot medische risico's leiden (zowel over- als onderconsumptie) en tot veel 'gedoe' in de spreekkamer.

Verzekeringspakket
Sinds de invoering van de nieuwe zorgwet is het verzekeringspakket steeds wisselend en vallen steeds minder behandelingen binnen de vergoeding van het basispakket. Ook zijn er grote verschillen in premiehoogte waarbij vooral jonge mensen vaak voor de goedkoopste (budget) polis kiezen, uitgaande van het idee dat ze toch niet ziek worden. Dit kan ook leiden tot ongewenste praktijken. Ik geef enkele voorbeelden.

Artrose van heupen en knieën is toenemend een veel voorkomende kwaal bij een aantal ouderen. Fysiotherapie is de eerste behandeling van voorkeur. Maar dit is heel moeilijk te verzekeren. Het gevolg is dat mensen met weinig geld niet naar de fysiotherapeut gaan en in plaats daarvan pijnstillers nemen of eerder naar een orthopedisch chirurg gaan.

Een jonge vrouw kiest voor een goedkope budgetpolis. Dit betekent onder andere dat niet alle zorgaanbieders vergoed worden. Zij ontdekt een knobbel in haar borst, raakt in paniek en wil zo snel mogelijk aanvullend onderzoek. De zorgaanbieder die dat kan bieden zit niet in het door haar verzekerde pakket. Het gevolg is dat de patiënt het onderzoek zelf moet betalen. Het kan het zijn dat de vervolgbehandeling in een ander ziekenhuis moet plaatsvinden, ver uit de buurt, omdat de dichtstbijzijnde zorgaanbieder ook niet in haar pakket was opgenomen.

Concluderend kan ook het verzekeringspakket dat men om financiële redenen heeft gekozen, veel 'gedoe' geven in de spreekkamer en tot medische (niet de gewenste zorg) en psychosociale (stress, overbelaste mantelzorg) risico's leiden.

Zorgverzekering
Bij de nieuwe Zorgverzekeringswet hoort ook een andere rol van de zorgverzekeraar die zich steeds meer met de uitvoering en inhoud van de zorg gaat bemoeien. Dit doen zij op allerlei manieren. Ik noem enkele voorbeelden.

Een huisarts krijgt een beloning als hij of zij gebruikmaakt van een bepaald laboratorium dat echter ver weg ligt van de praktijk.

Een zorgverzekeraar stelt eisen aan de registratie van huisartsen. Bijvoorbeeld bij diabetes mellitus type 2: een huisartspraktijk moet een voldoende aantal indicatoren hebben geregistreerd om aan de kwaliteitseis te voldoen. Dit leidt tot 'afvinkgedrag' en kan ten koste gaan van aandacht voor datgene waar de patiënt mee zit.

De apotheek moet steeds het goedkoopste geneesmiddel leveren. Daardoor krijgt een patiënt om de zoveel tijd een andere uitvoering van het geneesmiddel (grootte, vorm, kleur). Dit is verwarrend en kan leiden tot verkeerde inname. Ook schept het wantrouwen. Mensen denken vaak dat hoe duurder een geneesmiddel is, hoe beter het werkt en dat een goedkoop geneesmiddel dus minder goed werkt. Ook geven mensen vaak aan last van bijwerkingen te hebben, deels omdat het vulmiddel anders is, deels vanuit het idee dat het een minder goed geneesmiddel is.

De zorgverzekeraars spelen een rol bij de uitvoering van de zorg door wat ze wel of niet vergoeden. Ze verschillen onderling daarin en van jaar tot jaar. Een voorbeeld: bij een bepaalde zorgverzekering zit de zorg voor patiënten met diabetes mellitus type 2 in het basispakket in de vorm van ketenzorg. Een onderdeel daarvan is controle van de voeten door een pedicure omdat deze patiëntengroep juist daar complicaties van hun ziekte kan ontwikkelen. Op een gegeven moment wordt de pedicure uit de ketenzorg verwijderd en wordt haar in feite zorgpreventieve onderzoek niet meer vergoed in het basispakket. Het gevolg is grote onrust in een achterstandswijk met veel arme mensen met diabetes mellitus type 2 en bij hun pedicures. De huisartspraktijk wordt overspoeld door deze onrust en heeft een avondspreekuur moeten inlassen om iedereen te kunnen spreken. Sommige pedicures adviseerden hun patiënten aan te geven dat ze geen gevoel hebben in hun voeten, als symptoom van voortgeschreden diabetisch lijden. Dan komen ze namelijk wel in aanmerking voor vergoeding. Bij de ene zorgverzekeraar valt ketenzorg niet onder het eigen risico, bij de andere wel.

Concluderend dragen ook de ziektekostenverzekeraars zelf bij aan 'gedoe' in de spreekkamer (discussies over wel/niet vergoed, over geneesmiddelen en dergelijke), aan medische risico's (minder goede geneesmiddelinname, geen pedicurezorg) en aan minder patiëntgerichte zorg (afvinken in plaats van aandacht).

Algemene conclusie op grond van praktijkervaringen
De manier waarop er tegenwoordig wordt omgegaan met de vergoeding van de zorg leidt tot veel zogenaamd gedoe in de spreekkamer. Consulten duren langer om zaken goed uit te leggen en om onbegrip en boosheid te bespreken. Omdat het vaak over vergoeding van medicijnen gaat, heeft ook de apotheek er een zware klus aan. Mensen voelen zich overgeleverd aan onredelijke regels. Dit leidt tot machteloosheid en maakt ze boos, zeker in achterstandswijken waar mensen lage inkomens hebben.

Er zijn ook gevolgen voor de zorg die geboden wordt. Financiële en vergoedingsregels bepalen meer en meer het beleid. Dit kan invloed hebben op de kwaliteit van de zorg en op de professionele autonomie van de dokter. Beroepsmoraal en professionele identiteit kunnen in gedrang komen. Patiënten kunnen gewenste zorg mijden, omdat ze het niet kunnen betalen. Dit kan leiden tot complicaties en gezondheidsrisico's.

Tot slot zien we meer ongelijkheid tussen sociale klasse, leeftijd en opleiding. Ouderen verzekeren zich vaak goed tegen een hoge kostprijs en betalen het hele eigen risico. Jonge, vaak hoog opgeleiden hebben genoeg geld om veel zelf te betalen en verzekeren zich zo min mogelijk. Bij mensen met een lage sociaal-economische status hangt het van hun inkomen af of ze zich minimaal dan wel maximaal verzekeren (een vorm van sparen). De eerste groep loopt kans op suboptimale zorg. Bij de laatste groep gaat relatief veel van hun inkomen naar zorg.

WAT ZEGT DE LITERATUUR HIEROVER?

De afgelopen jaren hebben onder meer de Nederlandse Zorgautoriteit (NZA), de Landelijke Huisartsenvereniging (LHV) en onderzoeksbureau Cfk de effecten van de nieuwe zorgwet geëvalueerd.[2] Ik beschrijf hier de belangrijkste conclusies met betrekking tot de gevolgen voor de zorg aan mensen met lage inkomens. Uit de bevindingen van NZA blijkt dat mensen in de loop der jaren meer moeite hebben gekregen met de betaling van het eigen risico. Het aantal mensen met een betalingsregeling steeg in twee jaar tijd van 0,3 miljoen naar 1 miljoen. Het onderzoeksbureau Cfk stelde vast dat 20% van de bevolking zorg mijdt en dat bij waarschijnlijk 5% van de bevolking die zorgmijding ongewenst is. Van die 5% zegt de helft dat kosten een rol hebben gespeeld. Mensen met een lage sociaal-economische status zijn oververtegenwoordigd in de groep van zorgmijders. Zeer kwetsbare mensen zijn niet meegenomen in het onderzoek. De LHV heeft huisartsen gevraagd wat ze merken van de nieuwe zorgwet. Ruim 70% geeft aan dat meer dan één patiënt per week niet de volgens de arts optimale medische zorg kiest. Zowel de Cfk als de LHV geeft aan dat er mogelijk een probleem is in de toegankelijkheid van de zorg en dat verder onderzoek nodig is.

Verhaak en medewerkers hebben werkers in tweedelijns geestelijke gezondheidszorginstellingen (GGZ) gevraagd naar de gevolgen voor patiënten van het hebben van een eigen risico.[3] Op basis van de antwoorden van de vijfduizend respondenten concluderen zij dat er 70% minder gebruikgemaakt wordt van de GGZ en dat dit vooral mensen betreft met een laag inkomen en weinig opleiding. De ingeschatte ernst van de psychische problematiek lijkt geen rol te spelen. Tjepkema heeft in 2012 onderzoek gedaan onder GGZ-experts, huisartsen en gebruikers van de

GGZ naar de effecten van het eigen risico.[4] Hij schat dat 20% van de mensen die een psychologische behandeling kregen daarmee is gestopt, het merendeel om financiële redenen. Ook hier lijkt de ernst van het probleem geen rol te spelen. De gevolgen hiervan zijn minder goede geestelijke gezondheid en ontslag van mensen die werkzaam zijn in de GGZ.

Tot slot komt uit een al wat oudere analyse uit het Verenigd Koninkrijk van Robinson naar voren dat uit veel studies blijkt dat vooral mensen uit de lagere sociaal-economische klasse minder zorg gaan gebruiken wanneer zij moeten meebetalen aan de zorg. Dit zal uiteindelijk leiden tot hogere kosten van die zorg. Zijn conclusie is dat het principe van eigen risico een zwak instrument is om kosten in de zorg om laag te krijgen. Het leidt tot minder gewenst zorggebruik en tot veel geregel en gedoe (administratie, onbegrip en boosheid in goede banen leiden en dergelijke). Hij ziet meer heil in sturen op aanbod, dat wil zeggen artsen meer bewust maken van kosten, richtlijnen ontwikkelen die daarmee rekening houden en artsen belonen als ze kostenbewust handelen. Dat het eigen risico toch omarmd wordt, heeft te maken met de rechtse cultuur van marktdenken, individuele keuzevrijheid en eigen verantwoordelijkheid.[5]

BESCHOUWING

De praktijk en de literatuur laten duidelijk zien dat de mate waarin en de manier waarop kosten van de gezondheidszorg vergoed worden aan de patiënten die ervan gebruikmaken, invloed heeft op het zorggebruik. Het huidige vergoedingsstelsel vraagt om geduld, tact en tijd van dokters om hun patiënten te informeren, onbegrip en boosheid in goede banen te leiden en te motiveren om toch het beste medische advies op te volgen ondanks het prijskaartje dat eraan hangt. Een positief gevolg van deze aandacht voor kosten in de zorg is dat het mensen bewust maakt van die kosten. Men was gewend dat alles betaald werd. Dat wekte de indruk dat alles mogelijk is zonder dat het je een cent kost. Zoals de zon voor niets opgaat, zo leek het in het verleden met de gezondheidszorg ook te gaan. De vraag is echter of deze discussie in de spreekkamer moet worden gevoerd. Het leidt af van de primaire opdracht van de dokter, namelijk zorgen voor zieken, gezondheid bevorderen en lijden verlichten (Nederlandse artseneed) en het is ook nog inefficiënt.

Bovendien leidt het tot morele dilemma's. De toegang tot zorg hangt mede af van iemands financiële mogelijkheden. Dat schept ongelijkheid. Er zijn betere manieren om met de kosten van de gezondheidszorg om te gaan. Allereerst is daarvoor nodig dat we het volledige kostenplaatje van de gezondheidszorg maken, niet alleen wat het kost maar ook wat het ons oplevert aan geluk (gezondheid is het hoogste goed), aan werk en zingeving en aan gezonde arbeidskrachten. Goede gezondheidszorg draagt net als onderwijs bij aan een tevreden en stabiele samenleving. Als we toch keuzes moeten maken, laten we dat dan doen in een brede maatschappelijke discussie. Wat vinden we belangrijk en waarom? Hoe gaan we kiezen? Dunning heeft ooit een poging gewaagd met zijn trechter.[6] Laten we die discussie weer oppakken.

Tot slot: soberheid en doelmatigheid zijn mooie waarden die ook in de gezondheidszorg mogen gelden. We kunnen deze stimuleren door mensen die (gaan) werken in de gezondheidszorg te leren hoe zinnig en zuinig om te gaan met zorg, door in richtlijnen en dergelijke het kostenaspect mee te nemen en zinnig en zuinig gebruik van de gezondheidszorg te belonen. Hier ligt een mooie uitdaging voor de opleidingen in de gezondheidszorg, inclusief de geneeskundeopleidingen!

NOTEN

1 Tweet van Ed van Leeuwen, manager spoedeisende psychiatrie, *Medisch Contact* 2015-14.
2 H. Maassen, 'Eigen risico leidt tot mijden van zorg' in: *Medisch Contact* 2013, p. 2018-29. (http://www.medischcontact.nl/archief-6/Tijdschriftartikel/132968/Eigen-risico-leidt-tot-mijden-van-zorg.htm).
3 P.F.M. Verhaak, B. Koopmans, D. Ngo, E. Faber, 'Eigen bijdrage in de GGZ stoot niet de mensen met lichtere problematiek maar de minder draagkrachtigen af', in: *Tijdschrift voor Gezondheidswetenschappen* 2013-91, p. 270-5.
4 J.P. Tjepkema, *De eigen bijdrage in de tweedelijns geestelijke gezondheidszorg. Een gevalsstudie in het kader van een onderzoek naar de mogelijkheden van een legislatieve ethiek*, Masterscriptie Universiteit Utrecht 2012. Zie: http://dspace.library.uu.nl/handle/1874/255275.
5 R. Robinson, 'Users charges for health care', in: *Funding health care: options for Europe*, edited by Elias Mossialos, Anna Dixon, Josep Figueras and Joe Kutzin, Open University Press Buckingham, Philadelphia 2002, p. 161-184. Zie: http://citeseerx.ist.psu.edu/viewdoc/download?doi=10.1.1.461.2242&rep=rep1&type=pdf
6 Zie http://www.medischcontact.nl/archief-6/Tijdschriftartikel/71594/Haal-trechter-van-Dunning-uit-de-la.htm.

MARCEL BECKER

De verleiding van de markttaal[1]

SAMENVATTING

Om de verwarring over het marktdenken in de zorg het hoofd te bieden is (conceptuele) helderheid nodig. Hiertoe onderscheiden we kenmerken van het marktdenken en bespreken we hoezeer 'de taal van de markt' en 'de taal van de zorg' verschillen. Allereerst komt aan bod het 'stuksgewijze' karakter van goederen op de markt; ze zijn duidelijk van elkaar af te bakenen, zodat de klant weet waarvoor hij precies betaalt. Marktwerking belemmert subtiele verspreiding van zorggoederen en zet de solidariteit onder druk. Vervolgens bespreken we dat op de markt mensen zelfbewust zijn gericht op eigenbelang, een mensbeeld dat op gespannen voet staat met het beeld van de kwetsbare patiënt. Aansluitend komt de sterke nadruk op efficiëntie aan bod, die leidt tot een kwantitatieve taal in de organisatie en een 'verantwoordingsbureaucratie'.

Deze eigenschappen van marktwerking zijn geen onoverkomelijk bezwaar tegen dit mechanisme zolang de beperkingen maar worden erkend. Wanneer de verschillende componenten op hun plaats worden gehouden is een samengaan mogelijk. Wel draagt de introductie van marktwerking op subtiele wijze gevaren voor de langere termijn in zich; de 'zorgtaal' kan eroderen.

TREFWOORDEN:
waarden, marktdenken, zorg, homo economicus

INLEIDING

Dit jaar bestaat het huidige zorgstelsel tien jaar. Het zal bij dit tweede lustrum niet tot massale feestelijkheden komen. De voor- en nadelen van het zorgstelsel zijn vanaf het begin voorwerp van discussie geweest, zowel onder patiënten/consumenten (over het verschil kom ik nog te spreken) als onder zorgprofessionals en onder politici. De Socialistische Partij en in mindere mate de Partij van de Arbeid hebben in iedere verkiezingscampagne gepleit voor grondige herziening van het stelsel.

Deze bijdrage is niet primair gericht op een evaluatie van de voor- en nadelen. Zij stelt een vraag die voorafgaat aan zo'n evaluatie: weten we wel waar we het over hebben? Een vluchtige blik op de discussie leert dat er verwarring is over een vitaal onderdeel van het stelsel: de marktwerking. In deze eerste paragraaf presenteren we enkele voorbeelden van die verwarring, waarop voorstellen volgen voor heldere afbakening van het begrip marktwerking, en een manier om de discussie over het zorgstelsel goed te voeren.

VERWARRING ALOM

De hoofdrolspeler in het zorgveld, Edith Schippers, is de helft van de tienjarige periode minister van Volksgezondheid, Welzijn en Sport geweest. Daadkracht kan haar niet ontzegd worden, maar ze heeft een niet geringe bijdrage aan de verwarring geleverd. In nota's en beleidsdocumenten spreekt de minister van 'ondernemerschap', 'kapitaalinjecties' en 'ruimte voor particulier initiatief'. Met regelmaat doet zij voorstellen die direct aan de markt zijn ontleend. Zo verdubbelde ze de hoeveelheid zorg waarvoor vrije prijzen gelden van 35 naar 70% en maakte ze een begin met winstuitkeringen in de sector. Anderzijds heeft ze afgelopen jaren enkele keren identificatie van zorg en markt nadrukkelijk van de hand gewezen: 'In de zorg kun je niet denken in termen van prijzen en productie, alsof het om wasmachines gaat', en zelfs: 'Dé zorg kent geen marktwerking'.[2] Het beeld wordt er niet duidelijker op als we ons realiseren dat ze een aantal kostenbesparingen heeft gerealiseerd met inzet van allerlei middelen die tegen marktwerking ingaan (bijvoorbeeld door met allerlei partijen akkoorden af te sluiten die er vooral op neerkomen dat de markt zijn werk niet mag doen).[3]

Een grote institutionele hoofdrolspeler in de zorg, de Nederlandse Zorgautoriteit, lijkt minder remmingen te hebben in het gebruik van markttaal. Zij spreekt op haar homepage van 'stand van de zorgmarkten 2015' en presenteert (met het ministerie) een filmpje: 'Hoe werkt marktwerking in de zorg'.[4] De zorgprofessionals op hun beurt maken het er niet duidelijker op. Zo suggereerde het manifest 'Het Roer Moet Om' van bezorgde huisartsen (in najaar 2015 ondertekend door acht- van de elfduizend Nederlandse huisartsen) dat allerlei problemen te wijten waren aan de marktwerking. Het 'productdenken' zou het zo succesvolle huisartsenmodel slopen. De huisarts zou als 'marktkoopman' moeten concurreren met de collega's om de gunsten van de patiënt, die nu 'consument op de markt' is geworden. De regie was nu in handen van een zorgverzekeraar die 'het vertrouwen in mijn deskundigheid als arts' heeft 'ingeruild voor de laagst onderhandelde prijs door de inkoopmanager'.[5]

Maar op 5 oktober 2015 werd bekend dat er een overeenkomst was gesloten waarin aan de bezwaren van huisartsen tegemoet werd gekomen: 'het roer gaat om' (dit keer zonder hoofdletters). De website van het ministerie meldde zelfs dat 'Het Roer Moet Om' ten voorbeeld gesteld kon worden. De minister zou het traject willen uitbreiden naar andere zorgsectoren, om onnodige en beklemmende regels af te schaffen.[6] Tegelijkertijd sprak niemand over wat toch de grootste grief van de huisartsen leek te zijn, het terugdraaien van marktwerking.[7] Blijkbaar kon het roer om zonder dat de koers van marktwerking veranderde.

Het is helemaal vreemd dat in het document 'Het roer gaat om' de woorden 'product' en 'consument' slechts één keer voorkomen, en het woord 'inkoopmanager' helemaal niet. Wat was er gebeurd? Was het mogelijk de marktwerking niet maar haar terminologie wel af te schaffen?

Deze tegenstrijdige signalen doen de discussie geen goed. Marktwerking is al snel ideologisch beladen en onduidelijkheid geeft partijen alle ruimte om er op eigen manier mee op de loop te gaan. De discussie ontaardt dan al gauw in 'voor' of 'tegen' marktwerking. Daarom dient eerst en vooral helderheid te komen over wat marktwerking precies behelst.

De kenmerken van de markt leggen we bloot aan de hand van het centrale begrip van de economische wetenschap, schaarste, en in direct verband hiermee het mensbeeld waarop deze wetenschap gebaseerd is, de homo economicus (economische mens). Het gaat hier om een theoretisch model, een ideaaltype dat uitgangspunt is van de mainstream economie. Vanaf het ontstaan van het model is gediscussieerd over de kracht en reikwijdte ervan. Veel goederen zijn vanuit hun aard geschikt om volgens in het marktmodel geproduceerd en gedistribueerd te worden. Een essentieel consumptieartikel als brood kan probleemloos via de markt worden verhandeld. Daartegenover staan goederen waarvoor dit uitdrukkelijk niet geldt: liefdesrelaties zijn van heel andere aard dan economische relaties. Er is ook een 'tussengebied'. Zo gebeurt het regelmatig dat activiteiten en goederen vanuit overheidsbeheer naar de markt worden gebracht. We hebben processen van marktwerking en introductie van bedrijfsmatige technieken gezien in telecommunicatie (zeer succesvol), openbaar vervoer (periodiek problemen), en gezondheidszorg (…). Wat gebeurt er in zo'n overgang met de goederen, en met de mensen die de goederen leveren en consumeren?

GOEDEREN OP DE MARKT

Sinds enkele jaren geniet het boek *Niet alles is te koop*[8] van de Amerikaanse filosoof Michael Sandel grote bekendheid. Sandel opent dit boek met de stelling dat de vermarkting van goederen leidt dat ze 'corrumperen'. Nu heeft het Engelse woord dat Sandel gebruikt, *(to) corrupt*, een bredere betekenis dan het Nederlandse woord. Wij associëren het meteen met steekpenningen en perverse praktijken, Sandel bedoelt een algemener proces waarin de goederen degenereren. Ze verworden tot goederen die hun oorspronkelijke eigenschappen en betekenissen verliezen. Sandel geeft talloze sprekende voorbeelden: van mensen die bij gratis toegankelijke evenementen anderen betalen om voor hen in de rij te staan tot mensen die een bedrijfstattoo op hun voorhoofd zetten, en orgaandonatie. Steeds gaat het erom dat elementaire waarden (gelijke toegang, lichamelijke integriteit) worden aangetast wanneer de goederen voorwerp van financiële transacties zijn.

Over een aantal voorbeelden die Sandel geeft valt te twisten, maar de boodschap van het boek is duidelijk: van goederen die we vermarkten weten we dat ze veranderen. Inzicht in de veranderingen is nodig voor een goede discussie over de vraag in hoeverre marktwerking in een bepaalde sector wenselijk is. Hiertoe geven we de voornaamste kenmerken van marktgoederen en de homo economicus die ze verhandelt.

ECONOMISCHE GOEDEREN STAAN LOS VAN ELKAAR

Goederen die op de markt worden verhandeld zijn apart staande entiteiten die per eenheid worden uitgewisseld. Zij zijn exclusieve goederen: duidelijk van elkaar af te bakenen, zodat de klant weet waarvoor hij precies betaalt. Van heel andere aard zijn goederen met een publiek karakter. Deze zijn niet in stukjes te hakken; de gemeenschapsleden tezamen bezitten een goed als geheel. Zo geniet in een openbaar toegankelijk park ieder van het gehele park. In deze categorie valt van oudsher ook de veiligheid waarvoor krijgsmacht en politie zorgen. Dit is een ondeelbaar goed dat door de totale bevolking wordt bekostigd. Ook het milieu is een niet-exclusief gemeenschapsgoed. Daarom kan iedereen het ook vervuilen. Het onvermogen gezamenlijk de zorg voor het milieu te dragen heeft geleid tot pogingen het te herdefiniëren in termen van handelsgoederen, wat met de nodige problemen samengaat.

Op dit punt lijkt er in eerste instantie geen probleem voor medische behandelingen. Zij zijn apart staande goederen die per eenheid worden geleverd en afgerekend. Bij nader inzien ligt het ingewikkelder. Continuïteit van zorg bijvoorbeeld is moeilijk in het marktstramien te denken. De huisarts die ruimte en tijd neemt voor het achtergrondverhaal van de patiënt krijgt informatie te horen die niet getalsmatig is uit te drukken. Bij toenemende marktwerking komen deze goederen in het gedrang omdat ze moeilijk als handelswaar zijn te omschrijven.

Daarnaast geldt voor veel goederen dat bij marktwerking hun essentie verandert. Zo is kenmerkend voor veel goederen in de gezondheidszorg dat de verspreiding ervan zich gedurende een lange periode in een netwerk van verhoudingen heeft ontwikkeld. Zij staan in een groter geheel, waarin bijvoorbeeld ook mechanismen bestaan om eventuele schadelijke effecten in te dammen. Bij verandering tot marktgoed worden vervlochten goederen aparte eenheden die 'stuksgewijs' worden verkocht. Zo kunnen risico's ontstaan. We zien dit terug in discussies over het op de markt brengen van geneesmiddelen en andere medische artikelen die voorheen door de arts werden voorgeschreven. De achterliggende gedachte bij het vrij verhandelbaar maken is dat de consument zelfstandig een keuze maakt. Maar het is de vraag of de bijsluiter de adviezen en richtlijnen van de arts kan vervangen. De gezondheidszorg heeft per artikel deze afweging zorgvuldig te maken.

De al of niet economische aard van goederen werkt direct door in de manier waarop mensen ze beleven. Zo kent het gebruik van gemeenschapsgoederen een vorm van vrijheid die zich onderscheidt van de vrijheid op de markt. Het individu mag zich binnen het gehele gemeenschapsdomein naar hartelust bewegen. Denk aan een natuurgebied met vrije toegang. Deze vrijheid wordt tenietgedaan wanneer het algemene bezit wordt opgedeeld in stukjes waarvoor men apart moet betalen. Er is dan sprake van vrijheid op het eigen gebiedje, maar meteen daarbuiten is men onvrij. In die zin is het betalen van belasting om gemeenschapsgoederen in stand te houden niet een verlies van vrijheid maar een offer om een zo groot mogelijke vrijheid te behouden.

Met de instantie die de gemeenschapsgoederen levert (meestal is dat de overheid), hebben mensen niet voortdurend een calculerende 'voor wat hoort wat' instelling; zij krijgen niet direct 'waar voor hun (belasting)geld'. Dit brengt een vorm van solidariteit met zich mee. Onvermijdelijk betalen mensen voor zaken waarvan ze weinig gebruikmaken. De solidariteit behelst ook dat geen lid van de gemeenschap van het profijt wordt uitgesloten. Als pendant van de solidariteit hebben de goederen voor degenen die ze ontvangen iets gratuits. Ze staan direct en onvoorwaardelijk ter beschikking als iemand ze nodig heeft.

PREFERENTIES EN EIGENBELANG

De homo economicus weet wat hij wil en streeft ernaar zijn behoeften optimaal te bevredigen.[9] Economen spreken van 'preferenties' die het individu zelfstandig ontwerpt en direct wil vervullen. Vertaald naar de gezondheidszorg betekent dit dat direct wordt ingespeeld op de vraag van de patiënt die nu klant is geworden. Maaike Haan plaatst in haar bijdrage aan deze bundel bij deze verschuiving kritische kanttekeningen. Van de kwetsbare patiënt kan niet zomaar verwacht worden dat hij als een klant zijn preferenties op tafel legt. Maar ook bij de minder kwetsbare patiënt speelt een probleem. Tussen patiënt en zorgverlener is inhoudelijk overleg nodig en dat kan maar gebrekkig in het marktmodel gevat worden. Dit is te verduidelijken met het in 1970 geïntroduceerde verschil tussen *exit* en *voice*.[10] Wanneer een mogelijke koper op de markt zich niet aangetrokken voelt door een goed, schaft hij het niet aan; hij gaat naar een andere producent. Dit is de exit-optie. De winst-en-verliescijfers aan het eind van het jaar maken duidelijk hoeveel klanten het bedrijf heeft gewonnen/verloren. Er is geen geïnstitutionaliseerd mechanisme waardoor de potentiële koper en klant met elkaar overleggen. Onderliggende redenen waarom iemand voor iets anders kiest blijven (soms tot wanhoop van de verkoper) uit beeld. Hiertegenover staat de voice-optie, die draait om een inhoudelijke discussie tussen aanbieder en afnemer. Momenteel kennen zorginstellingen allerlei patiënten-inspraakorganen om het inhoudelijk overleg te stimuleren. Die komen onder druk te staan wanneer de patiënt zich beschouwt als klant die (eventueel op basis van de prestatiecijfers van de zorginstelling) wanneer de instelling hem niet aanstaat voor een andere instelling kiest.

In dienstverlening is sprake van een subject dat uitgaat van en kennis heeft van zijn eigen belangen. Een dienst is niet alleen een 'ding' dat wordt uitgeruild, hij heeft een relationeel karakter. In de interactie ontwikkelt zich de meerwaarde. Ruys spreekt zelfs over 'zingevingsmomenten' binnen de interactie.[11] Eerder dan te spreken over mensen die belangen gerealiseerd zien, is het gepast te spreken van een proces tussen mensen. Dit proces verschilt natuurlijk sterk van beroepsgroep tot beroepsgroep. Maar het relationele karakter is er bij uitstek in de zorgrelatie, waarin mensen meningen inbrengen die de professionals serieus nemen. In deze relatie spelen essentiële persoonsoverstijgende elementen en gedeelde waarden die moeilijk in de taal van het op eigenbelang gerichte individu zijn te verwoorden.

De beperkingen van het eigenbelang-vocabulaire doen zich ook sterk gelden als het gaat om de inhoudelijke discussies over de doelen van de organisatie. Zulke discussies zijn steeds meer nodig om te weten wat in de veranderende maatschappelijke omgeving de doelen zijn en die doelen te laten landen in de hoofden en harten van de medewerkers. De taal van het eigenbelang waarin mensen hun preferenties uiten, is ontoereikend om deze zaken onder woorden te brengen. Hiervoor is een taal nodig waarin kwaliteiten centraal staan waarmee mensen zich identificeren.

De nadruk op eigenbelang werkt op nog een andere manier nadelig door in de zorgsector. Eigenbelang hangt direct samen met concurrentie (waarover aanhangers van het marktmodel zo enthousiast zijn), en concurrentie maakt van iedere professional in de zorg een ondernemer die op zoek gaat naar nieuwe markten. Nu is de dynamiek van de markt gericht op groei, en aan zorg is oneindige behoefte. Het gevolg is oneindige vraag. Zo leidt het ontstaan van nieuwe gespecialiseerde behandelcentra tot onverklaarbare stijgingen in het aantal verrichtingen.[12] Er ontstaat een categorie handelingen die financieel zijn gemotiveerd en niet bijdragen aan kwaliteit.[13] Het gevolg is een overbodige groei van uitgaven waarvoor de gemeenschap moet opdraaien.

EFFICIËNTIE

Om de concurrentieslag op de vrije markt te overleven, streeft de aanbieder naar een optimaal resultaat van zijn inspanningen. De klant beoogt maximale behoeftebevrediging met inzet van zo weinig mogelijk middelen. Voor beiden is efficiëntie het leidend principe. Daar is op zich niets mis mee; overbodig en verspillend gebruik van middelen is verwerpelijk. Een sterke nadruk op efficiëntie heeft echter negatieve gevolgen. Hij leidt ertoe dat de discussie over kwaliteit zich toespitst op meetbare categorieën. Zo kwamen afgelopen jaren binnen het overheidsbestuur als methode om efficiëntie te toetsen de zogenaamde 'kwaliteitshandvesten' op, waarin organisaties zich verplichten tot levering van bepaalde goederen, uitgedrukt in objectief meetbare criteria.[14] Maar is de meetbare prestatie de kwalitatief beste prestatie? De 'output' van de ene organisatie laat zich beter kwantificeren dan die van een andere. En hoe goed ze ook werken, begrippen als prestatie-indicatoren, controlling en monitoring hebben betrekking op procesbeheersing zonder materiële inhoud. Niet de maatschappelijke opdracht en inspiratie staan centraal, de aandacht gaat uit naar een (kwantificeerbare) optimale uitkomst.

Wederom zien we dat de markttaal tekortschiet om de kwalitatieve dimensie van het werk te verwoorden. Niet-meetbare prestaties zoals het opbouwen van een persoonlijke band en het voeren van familiegesprekken krijgen geen verwoording. Deze bezwaren gelden in het bijzonder voor de voorlaatste levensfase van de patiënt. De grootste uitgaven worden juist dan gemaakt. Maar de zorg waaraan een patiënt behoefte heeft in die fase is vaak moeilijk te kwantificeren. Veel experts en betrokkenen menen dat in die levensfase eerder te veel dan te weinig wordt behandeld.[15] Zo zou het goed zijn als de arts meer plaats zou maken voor een goed gesprek tussen behandelaar en oudere, waarbij gesproken kan worden over moeilijke vragen rond kwaliteit en kwantiteit van leven. Die gesprekken kunnen tot gevolg hebben dat de patiënt zélf besluit tot niet of minder behandelen... en zo kostenbesparend werken. Maar goede begeleiding op weg naar een wilsverklaring is niet zomaar te kwantificeren. Zo groeit de verleiding om in te zetten op bijna nutteloze medische handelingen die wel kwantificeerbaar zijn.

MARKTWERKING IS EEN MIDDEL

Deze gebreken van marktwerking zijn nog geen onoverkomelijk bezwaar tegen dit mechanisme zolang zijn beperkingen maar worden erkend. Een uitstapje naar andere sectoren is leerzaam. Op meerdere gebieden zijn afgelopen decennia productie en distributie van vitale goederen die ooit door de overheid werden geleverd, aan marktwerking worden overgelaten. De overheid beschouwt in dat geval (gedeeltelijke) marktwerking als het beste middel om de goederen tot de mensen te laten komen. Wanneer een beter resultaat wordt behaald door de activiteit te delegeren aan mensen die haar verrichten uit winstbejag, is dat geen probleem.

Maar het ontslaat de overheid niet van verantwoordelijkheden. De bestuurder die productie en distributie van deze goederen overlaat aan marktwerking, loopt tegen een paradox aan die schitterend is verwoord door Sweder van Wijnbergen: 'besloten moet worden hoe de private uitvoerders aangestuurd gaan worden, zodanig dat het in hun belang is het publieke belang te waarborgen'.[16] De paradox is een schijnbare tegenstelling wanneer de bestuurder duidelijk voor ogen heeft wat het betreffende goed is, en zolang dit goed met het marktmechanisme ook daadwerkelijk wordt gerealiseerd. Mensen spreken dan van goed en efficiënt bestuur. Maar wanneer het marktmechanisme niet zo doeltreffend werkt als verwacht, of wanneer zich ongewenste neveneffecten voordoen, wordt de overheid de tegenspraak tussen doel en middelen kwalijk genomen. Afgelopen jaren waren er in dossiers van openbaar vervoer (wie durft te zeggen dat dat geen vitaal maatschappelijk goed is) enkele pijnlijke momenten toen ministers of staatssecretarissen door de Kamer direct werden aangesproken op zaken waar ze niet direct iets aan konden veranderen omdat NS, Prorail en regionaal busvervoer 'op afstand zijn geplaatst'. De zorgsector staat voor de uitdaging om niet in parallelle situaties te vervallen, waarin een bewindspersoon tegenover verontwaardigde volksvertegenwoordigers haar machteloosheid moet erkennen.

Nu draagt het middel 'marktwerking' wel een eigen morele bagage met zich mee; de markt heeft morele wortels. Weliswaar is de economische markt menigmaal vergeleken met een jungle en vinden in het zakenleven agressieve praktijken plaats die deze vergelijking rechtvaardigen, de grondleggers van de economische wetenschap stond een uitgebalanceerd model van een markt voor ogen, waarop vragers in vrijheid hun keuzes maakten en aanbieders in gelijkheid met elkaar concurreren. We spreken dan ook van een vrijemarkteconomie, waarin ieder in principe gelijke kansen heeft. Iemand die een product aan een klant verkoopt, speelt direct in op diens wensen. Deze benadering wint terrein in een samenleving van individualisering en verscheidenheid. Niet voor niets bepleiten liberalen het sterkst de marktwerking.

Een explicitering van deze begrippen maakt veel duidelijk. Allereerst dat zij, hoe belangrijk ook op bestuurlijk niveau, niet de ultieme waarden van goede zorg zijn (zie bijvoorbeeld voor een relativering ervan de bijdrage van Maaike Haan). Daarnaast maakt zo'n explicitering het mogelijk de marktwerking te beoordelen. Leiden de maatregelen werkelijk tot meer flexibiliteit? En tot echte keuzevrijheid? Worden de wensen van mensen inderdaad gehonoreerd? Wat als de mensen met de gegeven keuzevrijheid geen raad weten of deze misbruiken? Komt met de toegenomen vrijheid de gelijkheid niet in het gedrang? Wanneer de achterliggende motieven voor marktwerking zijn erkend, is het mogelijk dergelijke kritische vragen te behandelen.

DE POSITIE VAN DE FINANCIEEL ZWAKKERE

Op de markt verwerven mensen een goed wanneer ze daar voldoende voor overhebben: ze betalen een prijs. Naarmate het goed schaarser is, is de prijs hoger, maar de goederen zijn in principe voor ieder toegankelijk. Voor de meeste goederen is dat een prima allocatiemechanisme, maar het heeft zijn beperkingen. Mensen die veel geld hebben, schaffen aan wat zij wensen, maar minder draagkrachtigen hebben een probleem. We hebben er al op gewezen dat marktwerking solidariteit ondermijnt. Het is bij marktwerking denkbaar dat de prijs-kwaliteitverhouding voor een geleverde dienst is verbeterd en de totale hoeveelheid geleverde diensten fors is toegenomen, maar de dienst voor mensen aan de onderkant van de samenleving moeilijker toegankelijk is. Puur economisch gezien is er winst geboekt, maar de levenskwaliteit in de samenleving is niet bepaald toegenomen.

Nu gaat het bij zorg om vitale goederen. Is het mogelijk om met de invoering van marktwerking de zorg voor financieel zwakke en kwetsbare mensen te garanderen? Hiertoe moet buiten het marktmodel gedacht worden. Het is aan de overheid te bewaken dat de bodemnormen niet worden geschonden. Zij formuleert dan randvoorwaarden waarbinnen de markt (die dus niet een volledig vrije markt is) zich beweegt. Maar zo'n 'correctie' van de markt met een vangnet voor de zwakkeren leidt tot extra bureaucratie. En daarmee zijn we bij een volgende complicatie.

'VERANTWOORDINGSBUREAUCRATIE', 'BEWAKINGSBUREAUCRATIE' EN 'HERSTELBUREAUCRATIE'

Nog niet zo lang geleden was bureaucratie een neutraal begrip om het overheidsapparaat aan te duiden. Afgelopen decennia raakte het beladen met negatieve klanken. Bureaucratie staat nu voor overbodige (gedigitaliseerde) papierwinkel, in stand gehouden door mensen die anderen afhouden van het 'eigenlijke' werk. Wie durft zich nog vóór bureaucratie uit te spreken? De politicus die belooft de bureaucratie te verkleinen krijgt bij voorbaat de handen op elkaar.

Ook binnen de zorg heeft het probleem 'bureaucratie' zijn intrede gedaan. Dat is in eerste instantie verwonderlijk. Het overlaten van zorg aan het vrije spel op de markt lijkt minder overheidspapier met zich mee te brengen. Dat bleek niet het geval, en hiervoor zijn drie hoofdredenen aan te voeren.

Allereerst brengt marktwerking verscherpte controle op wie welke prestatie heeft geleverd met zich mee; er moet immers afgerekend kunnen worden. Het exclusieve karakter van goederen maakt het goed mogelijk dat stukjes werk en prestaties van elkaar worden gescheiden. Iedere output kan precies worden vastgesteld. Met die controlemechanismen werd een papierwinkel in het leven geroepen: de 'verantwoordingsbureaucratie'. De tweede reden is dat de overheid optreedt als marktmeester. We hebben al aangegeven dat een goede markt geen jungle van vrije krachten is maar een patroon met spelregels. Met toenemende marktwerking groeit de klassieke taak van de overheid om marktprocessen institutioneel te beschermen. Zo moet zij bewaken dat er meerdere vragers en aanbieders zijn, dus de drempel voor nieuwe spelers laag houden.

Om de concurrentie eerlijk te laten verlopen moet de overheid optreden tegen informatieachterstand, monopolievorming en hoge toetredingsbarrières. Het gaat hier om minimale maar wel heel belangrijke criteria die de marktpartijen de benodigde vrijheid en een gelijk speelveld garanderen. Hiertoe is een uitgebreid wetgevingsapparaat nodig dat met de markt meegroeit. Deze rol moet de overheid daadkrachtig vervullen. Bij schending van een marktprincipe moet ze de betreffende partij tot de orde roepen en sanctioneren. Met de marktwerking in de zorg is de Nederlandse Zorgautoriteit in het leven geroepen. Zij omschrijft zichzelf als 'de marktmeester in de zorg die waar mogelijk de nieuwe markten die in de zorg ontstaan op gang brengt'.[17] Maar deze nobele motieven leiden onvermijdelijk tot bemoeizucht en papierwinkel.

De derde vorm van bureaucratie is de 'herstelbureaucratie'. Hierboven is enkele keren gewezen op mogelijke negatieve effecten van de markt, met name als het gaat om de zorg voor de zwakkeren. Deze onvolkomenheden zijn te ondervangen, maar dat brengt nieuwe verplichtingen voor de overheid met zich mee. Zij moet nieuwe normen vaststellen, controlerende organen instellen en corrigerende instituties in het leven roepen. Het leidt tot nieuwe taken en daarmee bureaucratie.

CONCLUSIE

Zorg is een vitaal goed, waarop mechanismen van marktwerking zijn losgelaten. Dat zal op allerlei deelgebieden hebben geleid tot efficiënter werken en kostenbesparingen. Maar de taal van de markt en de taal van de zorg verschillen. Daarom draagt de introductie van marktwerking op subtiele wijze gevaren voor de langere termijn in zich. Wanneer distributie en ontwikkeling van goederen via de markt verlopen, veranderen deze van aard en sluipt een andere taal de organisatie binnen, die geen recht doet aan de eigen aard van zorg-'producten'. De reductie van waarden tot preferenties, de nadruk op eigenbelang en op de kwantitatieve dimensie verdringen essentiële componenten van zorg. En precies omdat zorg-goederen zo complex en veelzijdig zijn, is er de verleiding zich over te geven aan de kwantitatieve taal. Dit is niet terecht. We moeten van professionals en instellingen niet primair omzet en verrichtingen vragen maar een bijdrage aan gezondheid.

Afgelopen jaren zijn deze problemen meer en meer zichtbaar geworden. Als gevolg heerst er verwarring over de status van marktwerking. Helderheid over het verschil in taal, de deelgebieden waarop de markttaal wel en niet is in te zetten, is noodzakelijk. Het naast elkaar bestaan van verschillende benaderingen is niet per se conflicterend. Wanneer de verschillende componenten op hun plaats worden gehouden is een samengaan mogelijk. Zo zagen we afgelopen tijd naast trajecten van marktwerking pogingen een ander vocabulaire aan te spreken. Onder verantwoordelijkheid van het ministerie van VWS is recent het project 'Waardigheid en Trots' van start gegaan, een project ter verbetering van de ouderenzorg in Nederland. Wat u van de begrippen mag denken, ze roepen in ieder geval op tot overwegingen die direct de kwaliteit van zorg betreffen. Het lijkt me de grote uitdaging voor de zorg in de komende jaren: de taal van goede zorg weer te vinden. Daar waar het mechanisme van marktwerking een goed middel is, moet het worden toegepast, maar haar manier van denken en haar taal mogen de zorg niet gaan domineren.

NOTEN

1 Dit artikel is een bewerking van een hoofdstuk in M. Becker, *Bestuurlijke ethiek: een inleiding*, Van Gorcum, Assen 2007.
2 'Minister Schippers, de vrouw van 75 miljard', in: *Vrij Nederland*, november 2011, http://www.vn.nl/minister-edith-schippers-de-vrouw-van-75-miljard/.
3 W. Bos, 'Kijk- en luistergeld', in: *de Volkskrant*, 12 december 2013, http://www.volkskrant.nl/archief/kijk-en-luistergeld~a3560795/.
4 Zie http://www.nza.nl.
5 Het manifest is te vinden op http://www.hetroermoetom.nu/ (geconsulteerd oktober 2015).
6 Zie de website van het ministerie: https://www.rijksoverheid.nl/onderwerpen/kwaliteit-van-de-zorg/nieuws/2015/10/28/zorg-gaat-nutteloze-regels-opruimen.
7 NOS journaal 5 oktober 2015, zie http://www.tvuitzendinggemist.nl/nederland-1/nos-journaal/5-oktober-2015-113698.
8 M.J. Sandel, *What money can't buy. The moral limits of markets*, Farrar, Straus and Giroux, New York 2012. In het Nederlands vertaald als *Niet alles is te koop*, Ten Have, Utrecht 2012.
9 E. Anderson, *Values in Ethics and Economics*, Harvard University Press, Cambridge 1993, p. 145.
10 A. Hirschmann, *Exit, Voice, Loyalty. Responses to Decline in Firms, Organizations, and States*, Harvard University Press, Cambridge 1970.

11 P.H.M. Ruys, 'Een economisch perspectief op hybride organisaties', in: T. Brandsen, W. van de Donk en P. Kenis (red.), *Meervoudig bestuur. Publieke dienstverlening door hybride organisaties*, Lemma, Den Haag 2006, p. 83-102, hier p. 85.
12 H. Maarse, *Markthervorming in de zorg. Een analyse vanuit het perspectief van de keuzevrijheid, solidariteit, toegankelijkheid, kwaliteit en betaalbaarheid*. Te vinden op https://mail.ru.nl/owa/ (geraadpleegd oktober 2015).
13 G. Schout, 'Markt geeft volle wachtkamers', in: *Medisch Contact* 67-13, p. 788-789.
14 H.J. in 't Veld, J.A.F de Ru, A.W. Peters e.a., *Verzelfstandiging en marktwerking. Stand van zaken en perspectieven*, Sdu Uitgevers, Den Haag 2002, p. 78 spreekt over 'een op individueel niveau meetbare dimensie'.
15 Bos, 'Kijk- en luistergeld'.
16 Citaat van S. van Wijnbergen in: In 't Veld, De Ru, Peters, *Verzelfstandiging en marktwerking*, p. 14.
17 Zie www.nza.nl/nza/NZa.

MAAIKE HAAN

Mag de patiënt zichzelf zijn? Over marktdenken en authenticiteit in de participatieve gezondheidszorg[1]

SAMENVATTING

Idealiter komt patiëntparticipatie tegemoet aan de wens tot dialoog in de spreekkamer. Mijn betoog is echter dat die wordt verhinderd door een dominantie van marktdenken erachter. Marktdenken verwart ten onrechte de patiëntrol met die van een klant die – onafhankelijk van anderen – rationele keuzes maakt, zijn ziekte weet te managen en zodoende de verantwoordelijkheid voor zijn gezondheid kan dragen. In een dergelijke voorstelling van participatieve zorg lijkt (de impact van) ziekte te worden genegeerd en wordt geen recht gedaan aan het eigene van patiënten. Het denken van de filosoof Taylor over authenticiteit biedt een waardevolle andere kijk. Daarmee kan namelijk worden erkend dat ziek-zijn en zorgafhankelijkheid iemands bestaan en zijn beslissingen beïnvloeden en betekenis geven. Dan krijgt een patiënt de ruimte om zich – juist samen met anderen – tot zijn ziekte te verhouden en passende keuzes te maken. Pas dan mag de patiënt zichzelf zijn en is er werkelijk sprake van participatie.

TREFWOORDEN:
patiëntparticipatie, authenticiteit, marktdenken in de zorg

INLEIDING

Eeuwenlang is er in de gezondheidszorg sprake geweest van een model waarbij de patiënt, leek als hij was, geen stem had in het beslisproces over zorg aan zijn lichaam. 'Doctor knows best' – oftewel: de patiënt kreeg slechts die (hoeveelheid) informatie en behandeling die naar inschatting van de arts goed voor hem was.[2] Halverwege de vorige eeuw ontstonden echter steeds meer vragen en twijfels bij deze paternalistische manier van zorg verlenen. Burgers, ook zieke, emancipeerden. Daardoor verschoof de focus in de zorg richting de keuze van de patiënt, ook waar die inging tegen de mening van de arts. Tegenwoordig hecht men vaak belang aan een partnerschap tussen zorgverlener(s) en patiënt. De patiënt moet worden 'empowered' om daadwerkelijk actief te participeren. Daarover stelde de toenmalige Raad voor de Volksgezondheid en Zorg, een adviesorgaan van de regering,[3] in 2013: 'Dit kan alleen succesvol zijn als zorgverleners een patiëntgerichte houding hebben waarin ze erkennen dat patiënten zelf experts zijn met betrekking tot hun eigen leven en zelf primair verantwoordelijk zijn voor het uitvoeren van het management van hun ziekte.'[4] Dit citaat is illustratief voor het denken achter de participatieve zorg. Niet de arts, maar de patiënt wordt beschouwd als de expert in zijn situatie. Die dient dan ook actief mee te werken aan zijn eigen gezondheid en eventuele ziekte te managen.

Interessant is dat niet alleen emancipatoire, maar ook economische factoren een rol spelen in de verspreiding van dit participatieve denken. De kosten van de gezondheidszorg zijn enorm; verwacht wordt dat in 2016 ruim 74 miljard euro aan zorg zal worden uitgegeven.[5] De groei van deze kosten in de afgelopen jaren maakt dat er goed moet worden nagedacht over onder andere de efficiëntie van onze zorgverlening. Het vormt een uitdaging om naar nieuwe mogelijkheden te zoeken. Een daarvan is om burgers op hun eigen verantwoordelijkheid aan te spreken – passend bij de opkomst van onze 'participatiesamenleving' zoals benoemd in de Troonrede in 2013. Om de kosten te beheersen moet de specifieke zorgvraag van de patiënt centraal staan en moet de patiënt actief betrokken worden bij het zorgproces, zo is de leidende gedachte. Dan kan er namelijk doelmatig worden toegewerkt naar iemands gezondheidsdoelen en wensen. Dat voorkomt overbodige of onnodig dure zorg. De financiële nood maakt dus dat patiënten, net als anderen in deze samenleving, wel moeten participeren

Deze economische kant van het participatieve denken roept enige aarzeling op. In hoeverre wordt in de participatieve gezondheidszorg recht gedaan aan de elementen van patiënt-zijn, als deze zorg door economische factoren wordt gedreven? In deze bijdrage beschouw ik het denken achter de participatieve gezondheidszorg kritisch. Eerst beschrijf ik hoezeer de participatieve zorg door marktdenken onder druk is komen te staan. Vervolgens doe ik een aanzet tot een andere visie, geïnspireerd door het denken van Charles Taylor.

PATIËNTPARTICIPATIE: DE KIEZENDE KLANT?

Met participatieve zorg wordt idealiter recht gedaan aan de patiënt. Die wordt immers in de gelegenheid gesteld om zelf keuzes te maken en een actieve rol te spelen in de zorg die zijn lichaam aangaat. Bovendien ontvangt hij dan zorg die is afgestemd op zijn persoonlijke situatie, wensen en behoeften. Maar komt participatieve zorg in de praktijk daadwerkelijk tegemoet aan de patiënt? Laten we daarvoor het denken achter deze zorg eerst van dichterbij beschouwen.

Patiëntparticipatie en marktdenken
Allereerst is de vraag wat precies wordt bedoeld met patiëntparticipatie. De Raad voor de Volksgezondheid en Zorg wijst op twee pijlers van de participatieve gezond-

heidszorg. Ten eerste worden patiënten geacht te participeren in de besluitvorming die voorafgaat aan een behandeling. Dat wordt ook wel 'shared decision making' genoemd. Ten tweede participeren zij actief in de uitvoering van de gekozen behandeling, ook wel aangehaald als 'zelfmanagement'.[6] Maar over wat patiëntparticipatie in de praktijk precies betekent, bestaat niet altijd consensus.[7] Er bestaan verschillende vormen en gradaties van gezamenlijke besluitvorming en zelfmanagement. Participatie is dan ook een koepelterm voor verschillende initiatieven, bijvoorbeeld verwoord in de 'participatieladder' van informeren, raadplegen, adviseren, coproduceren tot (mee)beslissen.[8] Wat de verschillende uitingsvormen echter met elkaar gemeen hebben, is dat de patiënt (en zijn rol en verantwoordelijkheid) op een andere manier beschouwd wordt dan voorheen in paternalistische zorgverlening. Participatieve zorg is bedoeld om de dialoogvoering in de praktijk te versterken en een gelijkwaardig partnerschap tussen patiënt en diens zorgverlener(s) te bewerkstelligen.

Deze bedoeling van participatieve zorg wordt in de praktijk echter steeds vaker in economische termen verwoord. Zo wordt bijvoorbeeld gesproken over 'klanten', over patiënten die hun ziekte 'managen', en over 'zorgproducten' die verhandeld worden. Een dergelijke markttaal binnen de gezondheidszorg suggereert dat zorg een product is en gezondheid in die zin te koop. Hiermee verwant is de suggestie dat gezondheid een kwestie is van iemands inzet en juiste keuzes en in die zin ook een ding dat geproduceerd kan worden door het voordelig en efficiënt toepassen van de juiste zorgproducten. Dit is typerend voor zogenoemd marktdenken in de zorg.

Dit denken is inmiddels behoorlijk ingeburgerd in de participatieve gezondheidszorg. Het komt bijvoorbeeld sterk naar voren in een rapport van de Raad voor de Volksgezondheid en Zorg. De participerende patiënt moet namelijk 'gezondheidsvaardig' zijn, wat inhoudt dat hij:

informatie over gezondheid [kan] vinden, lezen, begrijpen en toepassen. Hij weet wanneer hij naar de dokter moet en welke vragen hij moet stellen. Hij bereidt zich voor op een consult en kan aangeven wat hij met het consult of de behandeling wil bereiken. Hij maakt zo nodig gebruik van hulpmiddelen om hem op weg te helpen bij beginnende gezondheidsklachten.[9]

Een marktmodel kan helpend zijn in de gezondheidszorg: de dienstbaarheid aan iemands vraag staat immers centraal. Tegelijk worden verwachtingen geschapen. Behalve dat hij fysiek en psychisch in staat moet zijn om naar een consult te gaan, moet een participerende patiënt zich daarop kunnen voorbereiden en zijn weg vinden in medische informatie. Uiteindelijk moet hij een weloverwogen 'zorgvraag' weten te formuleren, waarop de verdere zorg zal worden geënt. Daarmee wordt de complexiteit van het begrip participatie vervangen door een eenvoud en overzichtelijkheid die nodig is in een marktcontext. De participerende patiënt is dan een klant in de spreekkamer die weet wat hij wil en wat zijn doel is: als zelfstandige partij in de besluitvorming kent hij zijn behoeftes, uit hij zijn zorgvraag en legt hij zijn wensen op tafel. Hij overweegt alle opties, maakt rationele keuzes en zoekt een andere dokter als de behandeling hem niet bevalt. Maar is deze visie op de patiënt terecht?

Marktdenken: verwarring van rollen
Ik betwijfel of de rol van patiënt overeenkomt met die van een klant die een keuze maakt uit een bepaald zorgaanbod. Beide verschillen namelijk essentieel. In tegenstelling tot gezonde burgers, die vrijuit over een markt kunnen struinen, hebben patiënten 'last van hun lichaam' – om met de woorden van Annemarie Mol te spreken.[10] Letterlijk: vanwege pijn, vermoeidheid, jeuk of ander ongemak. Maar ook indirect: ziekte brengt bijvoorbeeld altijd een bepaalde mate van (tijdelijke) afhankelijkheid met zich mee omdat

patiënten moeten leunen op zorg van professionals, familie, vrienden en buren. Elke dag moeten zij opnieuw bekijken welke activiteiten wel of niet mogelijk zijn en welke hulp nodig is; zij worden voortdurend geconfronteerd met de onbeheersbaarheid van hun dagelijks leven.[11]

Een dergelijke zorgafhankelijke rol beïnvloedt iemand in zijn beslisproces. Een klant wordt geacht onafhankelijk zijn producten te kiezen. Iemands waardering van iets op de markt is een puur individuele aangelegenheid. Dat impliceert een bepaald privéoordeel over welke zaken ons leven verrijken. In de zorg gaat het echter niet om zulke individueel gemaakte keuzes. Daar draagt de beslisser, de patiënt, als het ware altijd een gekleurde bril (die van ziekzijn) die van invloed is op zijn beslisproces. Het cruciale verschil met een klant is dat een patiënt niet op zoek is naar een product dat zijn leven net iets leuker maakt, maar naar leefbaarheid an sich, omdat zijn ziekte het leven op dat moment misschien onleefbaar maakt. Daardoor is een patiënt, vergeleken met een klant, veel beperkter in wat hij kan willen en kiezen; hij kan slechts kiezen uit dat wat 'doenlijk en draaglijk' is volgens wetenschappelijk onderzoek en praktijkervaringen.[12]

Patiënt-zijn gaat dus in eerste instantie over ziek-zijn en behoefte aan zorg van anderen; dat is wat hen anders maakt dan gezonde mensen. Dat aspect strookt echter niet met het individualisme van het marktdenken. Bovendien gaat patiënt-zijn om ziek-zijn, namelijk om zelfontwikkeling als patiënt, om begrip en acceptatie van de ziekte en van het veranderde leven. Mensen moeten zelf hun leven invulling en betekenis geven: wie ben ik als ik ziek ben? Marktdenken in de participatieve zorg laat echter weinig ruimte voor andere waarden dan het bereiken van concrete gezondheidsdoelen via het meebeslissen als onafhankelijke actor. Daardoor is er mijns inziens geen sprake van participatie. Bij daadwerkelijke participatie heeft de patiënt een rol in de besluitvorming, maar niet zoals een klant op een markt. Voor het slagen van de participatieve gezondheidszorg is het dan ook belangrijk dat de patiëntrol in het denken erachter niet wordt verward met de rol van een klant.

Marktpraktijk: de overvraagde patiënt
Niet alleen het marktdenken ten aanzien van de rol en het beslisproces van de patiënt is problematisch. Ook de marktpraktijk doet de patiënt geen recht. Als veronderstellingen uit het marktmodel de participatieve zorg domineren, wordt van de patiënt verwacht dat hij in de praktijk weloverwogen keuzes maakt die passen bij zijn eigen wensen. Dat is soms te veel gevraagd.

Niet iedereen is namelijk in staat om zijn precieze behoefte te achterhalen, laat staan om die goed te articuleren, tot een zorgvraag om te vormen en weloverwogen besluiten te nemen. Iemands vraag en zijn behoefte zijn immers niet altijd dezelfde – soms kan iemand om iets vragen waar hij eigenlijk geen behoefte aan heeft, of vergeet hij datgene te vragen wat eigenlijk het beste aan zijn behoeften voldoet. Daarbij speelt mee dat patiënten onderling sterk verschillen in hun vermogen om zich te informeren over gezondheidskwesties, om die informatie kritisch te beschouwen, om constructief met hun arts te overleggen en keuzes te maken in hun manier van leven. Een jonge hoogopgeleide patiënt zal een partnerschap met de arts heel anders aangaan dan een laagopgeleide oudere. Iemand met een licht verstandelijke beperking zal zonder ondersteuning niet zomaar 'gezondheidsvaardig' kunnen zijn. Als participatie gedomineerd wordt door marktdenken dreigt echter dat van alle patiënten eenzelfde mate van participatie wordt verwacht, waardoor sommige patiënten worden overvraagd.

De hoge eisen aan de participerende patiënt zijn tevens onterecht omdat hij fundamenteel verschilt van een arts. Hij heeft immers minder informatie, kennis en expertise wat betreft ziektes, aandoeningen en de behandeling daarvan. Toch wordt hij geacht besluiten te nemen. Dat kan hem ertoe brengen zelf te gaan 'dokteren' op internet. Het probleem is echter dat die informatie vaak niet juist of onbetrouwbaar is. Zonder goede informatie of enige sturing kan iemand gemakkelijk de weg kwijtraken in de wirwar aan informatie, blindelings voor de goedkoopste of ogenschijnlijk aantrekkelijkste optie kiezen en daarmee zijn eigen gezondheid in gevaar brengen.

Sfeer van onveiligheid
Het hierboven aangehaalde 'zelf dokteren' door een patiënt zou in een marktmodel niet vreemd zijn: het past bij de visie op de patiënt als kiezende klant. Evenwel is het problematisch dat alles wat op de markt verhandeld kan worden – onder andere datgene wat de klant niet nodig heeft, onverstandig voor hem kan zijn of ronduit ongezond. Begrijpelijkerwijs willen patiënten alles aangrijpen om aan achteruitgang of de dood te ontkomen. Wanneer markttaal de participatieve zorg domineert, zou ook daadwerkelijk alles aangegrepen kunnen worden. De patiëntklant is dan koning en heeft het laatste woord. Dat kan tot onveiligheid leiden. Enerzijds omdat de patiënt dan elke denkbare behandeling kan kiezen, ook als deze alleen de farmaceutische industrie ten goede komt en zijn kwaliteit van leven misschien zelfs verlaagt. Anderzijds kan het tot onveiligheid leiden voor de arts. Een patiënt die zichzelf beschouwt als zorgconsument kan menen recht te hebben op bepaalde zorg en deze te mogen claimen. Ook als deze zorg ingaat tegen het advies van de arts. Dat kan gepaard gaan met eisend, soms zelfs agressief gedrag, waardoor eventueel grote druk wordt uitgeoefend op een arts.

Last van verantwoordelijkheid
Behalve hoge eisen en een mogelijke sfeer van onveiligheid brengt een marktgerichte participatieve zorg een zware verantwoordelijkheid voor de patiënt met zich mee. Ziekte wordt in het marktdenken namelijk beschouwd als iets waarop een patiënt invloed kan hebben. Hij is degene

die bepaalde keuzes maakt en hij is dus de primair verantwoordelijke als zijn gezondheid gevaar loopt. Hoewel we tot op zekere hoogte wel invloed hebben op onze gezondheid, door bijvoorbeeld niet te roken of voldoende te bewegen, is gezondheid uiteindelijk niet echt te managen. Wij mensen zijn immers allemaal vatbaar voor ziekte, voor ouderdom, aftakeling, pijn en de dood – ook als we gezond hebben geleefd. En ook tijdens onze ziekte blijft de ruimte voor management soms beperkt. Eigen aan ziektes is namelijk niet dat ze beheersbaar zijn, maar juist onvoorspelbaar en soms ronduit angstaanjagend.[13]

Dat ziekte kwetsbaar maakt, en dat patiënten onderling sterk verschillen, lijkt in het marktdenken niet mee te spelen. Een marktpraktijk, gestoeld op bepaald denken, heeft dan verregaande gevolgen. Wiens fout is het als een behandeling niet slaagt? Wat als een laagopgeleide patiënt slechte of niet passende zorg krijgt, aan wie ligt dat dan? Of wat als een patiënt een weliswaar weloverwogen, maar uiteindelijk verkeerde keuze maakt – 'eigen schuld, dikke bult'? Moet de patiënt het dan zelf uitzoeken, zonder de zorgverlener? De druk van het zelf verantwoordelijk zijn voor het maken van geïnformeerde, juiste keuzes is mijns inziens hoog. Die doet geen recht aan de variëteit binnen de patiëntenpopulatie en het cruciale belang van blijvende dialoogvoering in de zorg.

Een andere visie nodig
Als de participatieve zorg volledig in markttermen wordt verwoord, betekent dit een versimpeling van hoe en waarom participatie is opgekomen – namelijk als dialoog tussen gelijkwaardige mensen, waarbinnen overlegd wordt, in plaats van beslist door één betrokkene. Interessant is dat de patiënt nu de beslissende partij lijkt te zijn (of te moeten zijn), onder economische druk. Maar dat is een te eenzijdig beeld van de patiënt. Misschien herkent de patiënt zich (in sommige gevallen) meer in het beeld van de kwetsbare zieke mens die in angst en onzekerheid leeft. De mens die

wel eigen keuzes wil maar moeilijk kan maken, en die zich overvraagd voelt en tekort voelt schieten in het meewerken aan zijn behandeling. Er moet dan ook meer ruimte zijn voor de patiënt om zich te verhouden tot zijn ziekte, op een manier die hij zelf wenst. Een andere visie op de patiënt en daarmee op participatieve zorg is daarom noodzakelijk, namelijk een die wél recht doet aan het 'eigene' van de patiënt.

PATIËNTPARTICIPATIE: DE AUTHENTIEK ZIEKE MENS

Hoe kunnen we de dominantie van het marktdenken vermijden, zodat de participatieve zorg toch recht doet aan patiënten? In dit laatste deel doe ik een suggestie voor een alternatieve visie op participatieve zorg, om patiënt-zijn een passende plaats te geven. Daarvoor vind ik de notie van authenticiteit waardevol, zoals begrepen en uitgewerkt door Charles Taylor.[14]

Een ruimer begrip van authenticiteit
Eerst is een uitstap nodig naar Taylors analyse van het moderne leven. Ten tijde van de Verlichting werd de wereld 'onttoverd', namelijk ontdaan van middeleeuwse ideeën over hogere machten. Zingeving was niet langer vooraf bepaald door traditites, maar moest en moet ook tegenwoordig door iedereen zelf gevonden worden. Daarin is individualisme een drijvende kracht: we concentreren ons met name op onszelf en wie we willen zijn. Dat heeft vooral vanaf de jaren zestig van de vorige eeuw tot een bepaald ideaal van authenticiteit geleid, stelt Taylor, dat volledig op onszelf is gericht. Volgens dat ideaal heeft iedereen namelijk recht op het ontwikkelen van zijn eigen manier van leven, gestoeld op zijn persoonlijke idee over wat werkelijk belangrijk of waardevol is, zonder zich te laten leiden door iets wat hem overstijgt (p. 14-15). Verondersteld wordt dan ook dat er ergens diep vanbinnen een authentiek zelf

schuilt. Een zelf dat we moeten creëren en dat volkomen losstaat van maatschappelijke rollen, tradities of de mensen om ons heen.

Taylor bekritiseert dit ideaal. Weliswaar heeft authenticiteit te maken met zelfcreatie en originaliteit, stelt hij, en tevens met een verzet tegen van buitenaf opgelegde maatschappelijke of morele regels die onze diepste verlangens onderdrukken. Maar in tegenstelling tot wat vaak gedacht wordt, vormen deze elementen niet het enige onderdeel van een authentiek bestaan (p. 66-67). Dat zou namelijk een vervlakking van ons leven betekenen, doordat we dan in onze zingevingszoektocht alleen op onszelf gericht zouden zijn. Taylor wijst op het belang van nog twee andere elementen. Deze zijn mijns inziens een verrijking voor het participatieve denken in de zorg.

Ziekte als betekenishorizon
In het streven naar een authentiek bestaan moeten we volgens Taylor in de eerste plaats rekening houden met iets wat verder reikt dan onze verlangens, gevoelens of ambities. De betekenis van iets krijgt pas gestalte tegen wat Taylor een 'horizon of significance' noemt. Dat is een achtergrond van cruciale betekenisvolle zaken in ons leven, zoals bijvoorbeeld eisen vanuit de natuur, geschiedenis, behoeften van onze medemens, een burgerplicht of roeping van God. Een dergelijk betekeniskader is onvermijdelijk in ons leven. Het is nodig om onze keuzes te legitimeren en zorgt ervoor dat authenticiteit geen triviale aangelegenheid wordt (p. 37-41).

Een ziekteproces kan mijns inziens worden beschouwd als een dergelijke betekenishorizon – het is namelijk iets wat een patiënt direct aangaat in de dagelijkse praktijk, maar hem tegelijkertijd ontstijgt omdat hij er nooit echt vat op kan hebben. Het maakt echter integraal deel uit van iemands mens-zijn. Het beïnvloedt letterlijk zijn lichaam, maar ook zijn wezen: ziek-zijn maakt dat iemand een bepaalde mate van zorg of behandeling nodig heeft en beïnvloedt daardoor iemands alledaagse leven. Bepaalde activiteiten zijn niet langer vanzelfsprekend of vergen aanpassing. Dat kan doorwerken in iemands zelfbeeld en het karaker van zijn relaties met naasten. Daarnaast beïnvloedt ziekte iemands waarderingen en keuzes. Ziek-zijn is, zoals ik eerder betoogde, bepalend voor hoe iemand naar de wereld kijkt, over leven en dood denkt, beslissingen neemt of relaties aangaat.

Met het begrijpen van ziekte als betekenishorizon kan worden erkend dat ziekte, hoe dan ook, iemands bestaan beïnvloedt en betekenis geeft. Als iemands ziekte bijvoorbeeld letterlijk wordt verzwegen door de patiënt zelf, kan dat de communicatie over zijn wensen en behoeften in de weg zitten. Het kan tot onbegrip leiden in gesprek met familie of vrienden. Maar ook een indirecte verzwijging van ziekte, zoals lijkt te gebeuren binnen het marktdenken, kan problematisch zijn. Stel, een arts denkt volledig markt- en oplossingsgericht en benadert de patiënt als kiezende klant, zonder openlijk te erkennen dat diegene tevens kwetsbaar is en ziek. Dan bestaat de kans dat de patiënt zich, onder druk van de eigen verantwoordelijkheid, aan die klantrol conformeert. Maar zijn zijn keuzes dan 'eigen'? Een patiënt zou geen keuzes moeten maken puur omwille van het idee dat hij zich daarmee goed gedraagt als klant of goed gebruikmaakt van zijn rechten. Iemands keuze is nog niet 'eigen' als hij ergens actief voor kiest, maar pas wanneer die keuze hem past. En in het besluiten over de gepastheid van een keuze vormt, in tijden van ziekte, juist die ziekte zelf een betekenisgevende horizon. Die erkenning helpt de patiënt om authentieke keuzes te maken. In de zorg is dat van groot belang, omdat beslissingen daar een verregaande, zo niet beslissende invloed hebben op iemands leven.

Afhankelijkheid in de band tussen zorgverlener en patiënt
In de tweede plaats moet iemands zoektocht naar authenticiteit volgens Taylor rekening houden met onze band

met anderen. Het is uiteindelijk de erkenning door anderen waardoor onze identiteit bevestigd en bepaald wordt – met name in alledaagse familiebanden, werk en liefdesrelaties (p. 45, 49). Zulke relaties moeten echter niet puur worden beschouwd als middel tot zelfverwerkelijking; dat zou een instrumentele opvatting van relaties zijn die de aard daarvan geen recht doet (p. 43). Relaties zijn volgens Taylor namelijk geen verbindingen die puur omwille van onze eigen behoeften bestaan en die we te pas en te onpas op onze levensweg kunnen stopzetten (p. 52-53). Ze zijn juist onlosmakelijk met ons verbonden: relaties definiëren onze identiteit, ook als we ons misschien fysiek ontworsteld hebben aan bepaalde mensen of invloeden.

Deze beschouwing van relaties is voor het participatieve denken van waarde. Als iemand ziek is maakt zorgverlening deel uit van zijn alledaagse leven, waardoor nieuwe relaties ontstaan – bijvoorbeeld met de arts. Specifiek in de participatieve zorg heeft de dialoog tussen arts en patiënt prioriteit. Samen moeten zij overleggen en uiteindelijk de verantwoordelijkheid dragen voor de uitvoering van de gekozen behandeling. Een dergelijke dialoog is waardevol, mits die, in lijn met Taylors pleidooi, niet instrumenteel maar breed wordt opgevat: geen participatief partnerschap omwille van dat partnerschap zelf, bijvoorbeeld om daarmee uit een paternalistische vorm van zorg verlenen te ontsnappen. Daarentegen moet een participatieve dialoog plaatsvinden omwille van het voedende karakter ervan voor de identiteit en keuzes van de patiënt. Zijn fundamentele afhankelijkheid van zorgende anderen, met wie hij in gesprek moet, zou dan ook nooit ontkend mogen worden. Zorgafhankelijkheid is niet alleen een bron van (al dan niet negatieve) kwetsbaarheid, maar vooral een bron voor zelfdefinitie. Die maakt dat een patiënt vervolgens keuzes kan maken die daadwerkelijk eigen te noemen zijn, vanwege de authenticiteit ervan. Pas dan is een participerende patiënt authentiek ziek.

Horizon aan de participatieve gezondheidszorg
Taylors denken biedt een radicaal andere kijk op de patiënt en zijn situatie dan wanneer markttaal de participatieve zorg domineert. Gezondheid is dan geen ding dat kan worden gecreëerd met de juiste producten, net zoals dat ziekte geen ding is dat we kunnen 'managen'. Ziekte wordt dan echter opgevat als grotere betekenishorizon. Daarmee kan worden erkend dat ziek-zijn van invloed is op iemands identiteit, en dus ook op iemands besluitvorming. Het erkennen van de invloed van ziekte op iemands besluitvorming is juist van belang in de participatieve zorg, waar keuzes maken zo belangrijk is.

Daarnaast biedt Taylors denken ruimte voor participatie zoals die mijns inziens oorspronkelijk is bedoeld, namelijk als een gelijkwaardige dialoog tussen de arts en patiënt waarin daadwerkelijk sprake is van samenwerking. Geen eenrichtingsverkeer dus zoals in het vroegere paternalistische zorgmodel. En eveneens geen eenrichtingsverkeer zoals kan ontstaan in een marktmodel, wanneer de patiënt-klant koning is. Dan wordt van hem verlangd dat hij rationele afwegingen maakt als onafhankelijke actor en worden sommige patiënten dus opgezadeld met een verantwoordelijkheid die ze eigenlijk (op dat moment) niet kunnen dragen. Een participatieve zorg geïnspireerd door Taylors denken daarentegen laat een kwetsbare patiënt niet in de kou staan, maar geeft hem de gelegenheid om zich te verhouden tot zijn situatie. Samen met de anderen om hem heen kan hij dan onder woorden brengen wat zijn behoeften zijn, welke zorgvraag hij heeft en wat nodig is om daaraan te beantwoorden.

BESLUIT

In deze bijdrage heb ik laten zien dat de participatieve zorg idealiter tegemoetkomt aan de eigenheid van de patiënt en de wens tot dialoog in de spreekkamer. Tegelijkertijd wordt participatie van dit oorspronkelijke doel verhinderd door een dominantie van marktdenken erachter. Het is niet terecht de patiënt te beschouwen als klant die gezondheidsvaardig is, rationele weloverwogen keuzes maakt, zijn ziekte weet te managen en zodoende de verantwoordelijkheid voor zijn gezondheid kan dragen. In een dergelijke voorstelling lijkt (de impact van) ziekte te worden genegeerd. Marktdenken blijkt niet geschikt om werkelijk tegemoet te komen aan het eigene aan de patiënt in de participatieve zorg. Een andere visie is nodig – een waarin ruimte is voor de patiënt zoals hij is, in plaats van wat of hoe hij kiest. De gedachten van Charles Taylor over authenticiteit bieden gelegenheid om ziekte te begrijpen als betekeniscontext van waaruit iemand zijn identiteit opbouwt. De zorgafhankelijkheid die daar onvermijdelijk bij komt is dan niet storend, maar juist van groot belang. Pas dan kan het eigenlijke patiënt-zijn ten volle erkend worden en krijgt de patiënt de gelegenheid zich, samen met anderen, tot zijn ziekte te verhouden en passende keuzes te maken. Dan is er werkelijk sprake van participatie en samenwerking. Pas dan mag een patiënt echt zichzelf zijn.

NOTEN

1 Deze bijdrage is voortgekomen uit mijn afstudeerscriptie *Authentiek ziek. Over optimisme en authenticiteit in patiëntparticipatie* (2014) in het kader van de masteropleiding Filosofie van de Gedragswetenschappen aan de Radboud Universiteit. Graag bedank ik dr. M.J. Becker en dr. F. Takes voor hun waardevolle opmerkingen en de gesprekken die hebben bijgedragen aan de totstandkoming van deze bijdrage.

2 Deze bijdrage is geen empirische analyse maar een ethische reflectie op (het denken achter) een praktijk. Daarom abstraheer ik bewust en spreek ik van 'patiënt' en 'hij', ongeacht zijn sekse of ziektebeeld, en van 'arts' en 'hij', of die nu een mannelijke of vrouwelijke arts is, een verpleegkundige of een andere zorgverlener.

3 De Raad voor de Volksgezondheid en Zorg is in 2015 opgegaan in de Raad voor Volksgezondheid en Samenleving. In deze bijdrage haal ik echter een publicatie uit 2013 aan en hanteer ik dus de oude benaming.
4 Raad voor de Volksgezondheid en Zorg, *De participerende patiënt*, Den Haag 2013, p. 77.
5 Zie de website www.rijksoverheid.nl voor de *Miljoenennota* 2016.
6 Raad voor de Volksgezondheid en Zorg, *De participerende patiënt*, p. 7 en 12.
7 C. Dedding en M. Slager (red.), *De rafels van participatie in de gezondheidszorg. Van participerende patiënt naar participerende omgeving*, Boom Lemma Uitgevers, Den Haag 2013, p. 222.
8 C. Platenkamp, 'De lof van het ongemak en de ruis in patiëntenparticipatie. Met formele participatie begint het wederzijds leren nog niet', in: Dedding en Slager (red.), *De rafels van participatie in de gezondheidszorg*, p. 139-140.
9 Raad voor de Volksgezondheid en Zorg, *De participerende patiënt*, p. 31.
10 A. Mol, *De logica van het zorgen. Actieve patiënten en de grenzen van het kiezen*, Van Gennep, Amsterdam 2006, p. 44.
11 D. van Houten, *De standaardmens voorbij. Over zorg, verzorgingsstaat en burgerschap*, Elsevier/De Tijdstroom Maarssen 1999, p. 153.
12 A. Mol, 'Klant of zieke? Markttaal en de eigenheid van de gezondheidszorg', in: *Krisis* 2004-3, p. 4-24.
13 Ibidem, p. 16.
14 C. Taylor, *The ethics of authenticity,* Harvard University Press Cambridge 1991. Verwijzingen naar specifieke pagina's uit Taylors werk staan vermeld in de tekst.

PATRICK JEURISSEN

Feitelijke perspectieven op de financiële solidariteit van de zorg

SAMENVATTING

We stellen in dit artikel dat de uitkomsten van de arrangementen die de financiële solidariteit inkaderen door de stelselhervormingen maar beperkt zijn veranderd en dat daarbij de laagste inkomens zijn ontzien. Autonome groei van de solidariteitsoverdrachten wordt met name gegenereerd door stijgende kosten. De zorgkosten zijn erg scheef verdeeld en daardoor leiden groeiende zorguitgaven tot meer risicosolidariteit. Deze trend is nog niet gestopt en dit duidt erop dat diegenen die menen dat een verdere uitgavenstijging onhoudbaar is, gebaat zijn bij meer doelmatigheid. Die visie kent veel supporters binnen het politieke spectrum. Tegelijkertijd is zo'n verbetering van doelmatigheid inzet van politieke strijd. Het zal immers gevestigde belangen raken.

TREFWOORDEN:
(financiële) toegankelijkheid, solidariteit, solidariteitsoverdrachten, zorg

INLEIDING

Solidariteit duidt op een bewustzijn van saamhorigheid en de bereidheid de consequenties te dragen, ook als deze niet sporen met het eigenbelang. Deze bijdrage analyseert een aantal feitelijke perspectieven op de solidariteit in de financiering van onze zorg. Wij hanteren daarbij de veronderstelling dat de maximale solidariteit waartoe het collectief bereid is bij te dragen, mede wordt bepaald door de financiële omvang daarvan en de besteding van deze middelen. Daarnaast gaan wij er ook van uit dat de kans dat men denkt ooit zelf gebruik te moeten maken van zorg, bijdraagt aan de bereidheid om daar ook collectief voor te betalen.

Sommige andere bijdrages van deze bundel bevatten normatieve zienswijzen op het vraagstuk van de solidariteit in de zorg. Deze zienswijzen zijn vooral gestoeld op het bestaan van wederzijdse verplichtingen tussen de leden van een gemeenschap.[1] Zulke verplichtingen zijn op hun beurt weer mede ingebed in (religieuze) overtuigingen, zoals de christelijke plicht tot naastenliefde. Genezing van zieken komt in het Nieuwe Testament dan ook prominent naar voren als een van Christus' goede werken. De sociale leer van de katholieke kerk spreekt met betrekking tot de zorg bijvoorbeeld van een recht op een ziekteverzekering.[2] Onze beschouwing steunt vooral op de aanname dat ook het delen van gezamenlijke risico's en het profijtbeginsel de mate van solidariteit beïnvloeden.

In de dagelijkse politieke realiteit domineert veelal de klassieke vraag van Harold Lasswell: 'who gets what, when and how?' Uiteraard wordt de uitkomst van deze disputen mede bepaald door bestaande instituties en arrangementen. Voor wat betreft de gezondheidszorg, zijn deze arrangementen het afgelopen decennium in ons land ingrijpend hervormd. Het bespreken en analyseren van de invloed hiervan op de solidariteit in de zorg is het doel van dit hoofdstuk.

We zullen enkele solidariteitsconcepten definiëren die wij benutten bij de verdere uitwerking van ons perspectief. Vervolgens stellen we ons de vraag waarom er solidariteit bestaat binnen de financiering van de zorg en worden de belangrijkste ontwikkelingen binnen de solidariteit in het afgelopen decennium conceptueel-operationeel uitgewerkt. We concluderen dat de financiële solidariteitsoverdrachten in de zorg erg groot zijn en dat ook noodzakelijkerwijs zullen blijven, maar dat de aanpassingen binnen sommige arrangementen laten zien dat er ook 'grenzen' bestaan. Meer doelmatigheid blijft de belangrijkste politieke strategie om de behoefte aan steeds meer zorg te bekostigen.

VORMEN VAN SOLIDARITEIT

Wij bespreken de ontwikkelingen in de solidariteit in de zorg met behulp van drie begrippenparen. Op de eerste plaats kan onderscheid worden gemaakt tussen verplichte en vrijwillige solidariteit. Zo zijn mensen verplicht om een basisverzekering voor hun zorg af te sluiten. Deze verzekering 'dwingt' de nodige solidariteit af tussen netto-betalers en netto-ontvangers. Veel zorgsolidariteit is echter vrijwillig. Denk bijvoorbeeld aan de keuze voor een aanvullende zorgverzekering. Het is financieel echter van groter belang dat veel zorg nog steeds om niet wordt verstrekt, bijvoorbeeld door vrijwilligers of door de vele mantelzorgers. Zonder al deze vrijwillige zorg zou de betaalbaarheid van met name de langdurige zorg onder grote druk komen te staan. De overheid legt tot op zekere hoogte ook een claim op deze vrijwillige solidariteit. Dit zit verscholen achter termen als gebruikelijke zorg (de zorg die men wordt geacht aan partner of familielid te geven) binnen de formele indicatiestelling voor de Wet langdurige zorg of een concept als keukentafelgesprekken (bedoeld wordt een inventarisatie door de gemeente over wat de zorgvrager nog zelf kan doen, al dan niet met behulp van zijn sociale netwerk). De Wet maatschappelijke ondersteuning (Wmo) is nadrukkelijk bedoeld om de verbindingen tussen verplichte en vrijwillige solidariteit beter te benutten. Juist omdat veel zorg een vrijwillig karakter heeft, zijn vraagstukken van eigen verantwoordelijkheid nooit ver weg.

De eigen verantwoordelijkheid komt nadrukkelijk terug in het onderscheid tussen geclausuleerde en ongeclausuleerde solidariteit. Ongeclausuleerde solidariteit legt geen of minder beperkingen op aan patiënten of cliënten. Tegelijkertijd verwacht ze minder van zijn bijdrage in de behandelrelatie. Geclausuleerde solidariteit stelt wel 'eisen' of beperkingen aan de patiënt of cliënt. Een van de redenen waarom het legitiem lijkt de solidariteit niet te clausuleren, is dat de patiënt er niets aan kan doen dat hij ziek is geworden. Clausules kunnen bijvoorbeeld liggen in het zelfbeschikkingsrecht, bijvoorbeeld bij de keuze voor een bepaalde leefstijl. Clausules in de solidariteit hoeven niet alleen betrekking te hebben op de formele arrangementen, zoals de hoogte van de eigen bijdragen of restricties bij een persoonsgebonden budget. In principe kunnen clausules de behandelrelatie rechtstreeks raken. Bijvoorbeeld bij de vraag of er een recht bestaat op behandeling als deze vanuit wetenschappelijk oogpunt zinloos is; of wanneer de effectiviteit van de behandeling samenhangt met de leefstijl en therapietrouw van de patiënt (denk aan de levertransplantatie voor een alcoholist); en ze kunnen ook behandelaars uitsluiten van vergoeding via het collectief en daarmee de 'vrije artsenkeuze' belemmeren. Clausules kunnen behandelaars natuurlijk ook meer positieve opdrachten meegeven, bijvoorbeeld het standaard aanbieden van shared-decision making.

Het was lange tijd min of meer vanzelfsprekend dat de solidariteit in de zorg weinig clausules kende.[3] Ziekte werd lange tijd geduid in termen van pech of geluk en nog weer daarvoor werd er ook vaak de hand van God in gezien. Met de snelle ontwikkeling van de life sciences in de afgelopen decennia is echter ook het belang van leefstijl bij het ontstaan en behandeling van veel (chronische) aandoeningen meer op de voorgrond gekomen. De *veil of ignorance* van John Rawls – de idee dat mensen achter een sluier van onwetendheid op basis van een rationele afweging kiezen voor een maatschappij waarin verliezers konden rekenen op solidariteit en compensatie door het collectief – bestond lange tijd ook als een feitelijke werkelijkheid binnen grote delen van de zorg, maar komt nu door het screenen van allerlei risico's steeds meer onder druk te staan. Daarmee kan ook het perspectief veranderen op hoe binnen een collectief arrangement met dit soort vragen wordt omgegaan. Dit is soms ook wettelijk vastgelegd. Zo stelt artikel 1 van de Duitse Gesetzliche Krankenversichering:

> Versicherten sind für ihre Gesundheit mitverantwortlich; sie sollen durch eine gesundheitsbewußte Lebensführung, durch frühzeitige Beteiligung an gesundheitlichen Vorsorgemaßnahmen sowie durch aktive Mitwirkung an Krankenbehandlung und Rehabilitation dazu beitragen, den Eintritt von Krankheit und Behinderung zu vermeiden oder ihre Folgen zu überwinden.[4]

Binnen de openbare financiën en de verzekeringseconomie is het verschil tussen inkomens- en risicosolidariteit een van de kernconcepten. Indien de mensen met een hoger inkomen meer bijdragen dan mensen met een lager inkomen spreekt men van inkomenssolidariteit. Dit wordt bijvoorbeeld gerealiseerd door een progressieve inkomensbelasting of door een inkomensafhankelijke premie in een zorgverzekering. Hiernaast kunnen mensen met een lager inkomen een tegemoetkoming krijgen in de kosten van zorg of van een zorgverzekering. Dat laatste gebeurt in ons land met behulp van een zorgtoeslag. Risicosolidariteit veronderstelt dat mensen met een ongelijk risico toch evenveel bijdragen aan de financiering van deze risico's. Een instrument om dit binnen een verzekering te bereiken is een verbod op premiedifferentiatie. Een verzekeraar vraagt dan evenveel premie voor oudere als voor jongere verzekerden. Eigen betalingen bij zorggebruik tasten de feitelijke risicosolidariteit aan omdat de zorggebruikers deze bijdragen moeten betalen.[5] Omdat mensen met een lager inkomen vaker ziek zijn en ook korter leven, bestaat er in de praktijk de nodige overlap tussen inkomens- en risicosolidariteit. Dit kan dan weer een reden vormen om de groep met een lager inkomen niet te confronteren met een eigen betaling of deze anderszins te compenseren. In het laatste geval hoeft de compensatie niet altijd 'zichtbaar' of 'voelbaar' te zijn voor de betrokkene. Zo bestaat er een administratieve scheiding tussen het betalen van zorgpremie en het ontvangen van een zorgtoeslag.

De precieze omvang van de solidariteit kunnen we uitdrukken in de solidariteitsoverdrachten. Daarmee kunnen de netto-betalers en de netto-ontvangers in een zeker jaar of over een langere periode in kaart worden gebracht. Dit zijn feitelijk schattingen, omdat er geen data voorhanden zijn over de hele levensloop van de deelnemers of omdat de omvang en de precieze waarde van de informele zorg moeilijk valt te becijferen. Het Centraal Planbureau (CPB) heeft met die beperkingen toch geprobeerd om de overdrachten gedurende de levensloop zo goed mogelijk in kaart te brengen.[6] Mensen met een lager opleidingsniveau kwamen daaruit naar voren als netto-ontvangers, vooral van langdurige zorg, terwijl mensen met hogere opleidingen netto-betalers aan het systeem zouden zijn.

WAAROM IS SOLIDARITEIT IN DE FINANCIERING VAN ZORG NOODZAKELIJK?

Waarom bestaat er zoveel verplichte solidariteit in de zorg? Het antwoord op die vraag is dat vrijwillige solidariteit, de norm tot de komst van de verzorgingsstaat, niet meer volstaat om voor iedereen de noodzakelijke zorg te genereren die bovendien voldoet aan de stand van de medische wetenschap (bijvoorbeeld nieuwe maar dure technologieën) én daarnaast ook voldoet aan de maatschappelijke verwachtingen van de kwaliteit van zorg (bijvoorbeeld voldoende privacy in een verpleeghuis). Zonder een verplicht minimum aan risico- en inkomenssolidariteit komt de toegang tot deze zorg voor de slechte risico's en/of de lagere- en middeninkomens in het gedrang. Dit heeft veel te maken met het feit dat zorg steeds duurder wordt en dat de uitgaven scheef zijn verdeeld over de bevolking.

De kosten van opname in een verpleeghuis bedragen inmiddels zo'n zeventigduizend euro per jaar en de gemiddelde uitgaven voor elk van de duurste 1% van de patiënten in de Zorgverzekeringswet zijn ongeveer even hoog. Veel mensen maken bovendien gebruik van curatieve én langdurige zorg. Indien mensen dit soort bedragen zelf moeten betalen, dreigt voor velen een persoonlijk faillissement. Op een vrije markt zouden verzekeraars bovendien proberen juist deze groep zoveel mogelijk te weigeren, dan wel om ze een heel hoge premie in rekening te brengen, die velen niet zullen kunnen betalen.

Doordat de zorguitgaven de komende decennia zullen blijven groeien, onder meer door technologische ontwikkelingen, vergrijzing en de groei van de bevolking, nemen de persoonlijke financiële consequenties van ziekte verder toe. Omdat deze risico's zijn gecollectiviseerd binnen sociale verzekeringen en voorzieningen, nemen ook de solidariteitsoverdrachten tussen de netto-betalers en netto-ontvangers stilzwijgend toe. Dat kan op termijn het draagvlak voor de bestaande arrangementen aantasten. Dit hangt ook af van de uitkomst van het politieke proces: who gets what, when and how? Door de zorg doelmatiger te leveren, kunnen lastige politieke keuzes worden ontlopen of uitgesteld. Keuzes die wel gemaakt worden gaan dan ook vaak over zaken met marginale budgettaire consequenties, zoals de vraag of de rollator of de pil in het pakket moet zitten. Deze discussies zijn echter niet zonder belang voor de achterban van de diverse partijen. De argumentatie ten aanzien van de solidariteitsvragen wordt gescherpt en maatschappelijk uitvergroot, nieuwe paden worden verkend en soms voorbereid. Tegelijkertijd blijft de zoektocht naar meer doelmatigheid de breedst gedeelde strategie om de stijgende zorguitgaven het hoofd te bieden. Deze opvatting is dan ook nooit ver weg in het debat over de toekomst van de zorg.

In een recente studie voegt het CPB daaraan een relatief nieuwe dimensie toe door te wijzen op verschillen in preferenties voor het collectieve niveau van de zorg. Het stelt dat mensen met een lager en met een hoger inkomen verschillende verwachtingen hebben ten aanzien van het voorzieningenniveau in de gezondheidszorg. Dit geldt bijvoorbeeld voor de wooncomponent in de ouderenzorg, de vrije artsenkeuze, de aard van de verzorging en voor medisch 'minder noodzakelijke' zorg. Hogere inkomens zouden hier meer voor willen betalen dan de lagere inkomens. Ze hebben andere voorkeuren. Omdat dit soort verstrekkingen door de collectieve financiering verplicht ten laste van de toekomstige inkomensgroei worden gebracht, gaan deze verschillen in preferenties steeds meer wringen, aldus het Planbureau.[7]

Anders gezegd, lagere inkomens zouden misschien desgevraagd liever opteren voor een auto of een vakantie, terwijl hogere inkomens misschien liever meer privacy willen in een verpleeghuis in plaats van een spreekwoordelijke tweede auto of een tweede vakantie. Het Planbureau wijst vervolgens naar Australië als een voorbeeld waar National Health Service en een private verzekering (voor hogere inkomens) goed naast elkaar zouden functioneren en tegemoetkomt aan deze verschillen in voorkeuren. Daarentegen heeft in veel landen met een sociale verzekering het aloude onderscheid tussen eerste, tweede en derde klasse verzekerden juist allengs aan belang verloren. Het planbureau zegt het niet, maar juist landen met een door de staat georganiseerde National Health Service kennen vaak een goed ontwikkeld privaat supplement of complement waardoor er meer verschillen zijn tussen 'rijk' en 'arm' in het voorzieningenniveau.

ONTWIKKELINGEN IN DE SOLIDARITEIT VAN DE ZORG

Deze paragraaf beschrijft hoe de verschillende vormen van solidariteit zijn gepositioneerd binnen ons zorgstelsel. Drie hervormingen in de arrangementen vormen daarbij de natuurlijke breukvlakken:

1. In 2006 verviel het onderscheid tussen particuliere verzekering en ziekenfonds. Hiervoor in plaats kwam een privaatrechtelijke basisverzekering met publieke randvoorwaarden.
2. In 2007 werd de Wet maatschappelijke ondersteuning (Wmo) gecreëerd. Deze bundelde bestaande subsidies op het welzijnsterrein met aanspraken op huishoudelijke zorg en op woonvoorzieningen. De Wmo wordt uitgevoerd door gemeenten en is sterk uitgebreid in 2015.
3. De Algemene Wet Bijzondere Zorgkosten werd in 2015 opgeheven. De Wet op de langdurige zorg (Wlz) moet voortaan die mensen opvangen die continu zorg nodig hebben.

DE OUDE STELSELS: PARTICULIERE VERZEKERING, ZIEKENFONDS EN AWBZ

Particuliere verzekering en ziekenfonds
De solidariteitsoverdrachten binnen de curatieve zorg hingen in het oude systeem samen met de vraag of men particulier verzekerd was (mensen met een hoger inkomen) of onder het ziekenfonds viel (mensen met een lager of middeninkomen). De particuliere verzekering betrof een vrijwillige verzekering, het ziekenfonds was echter verplicht. Binnen de particuliere verzekeringen bestond bovendien geen inkomenssolidariteit en was de risicosolidariteit beperkt.[8] In de praktijk hadden clausules binnen particuliere verzekeringen ook meer betekenis dan binnen ziekenfondsen (restitutie impliceert bijvoorbeeld een wat stringentere pakketomschrijving door middel van een gesloten lijst en doordat men hogere eigen bijdragen calculeerde dan in het ziekenfonds). Door de lange historie van de contracteerplicht boden de ziekenfondsen bovendien de facto ook vrije artsenkeuze en verschilden ze materieel nauwelijks van particuliere restitutiepolissen. De pakketten waren eveneens verregaand naar elkaar toegegroeid. Zo daalde het aantal particuliere polissen op basis van klasse 1 of 2,

waarin zaken als eigen kamers werden geregeld, snel, van 22,7% in 1985 naar 1,6% in 2005. Met uitzondering van de uitvoeringskosten, zo'n 5% hoger in de particuliere verzekering, zijn ook de tarieven van de medische behandelingen in de jaren negentig geharmoniseerd, wat gunstige effecten had op de particuliere premieontwikkeling.[9]

Op een denkbeeldig continuüm van netto-ontvangers en netto-betalers was de particuliere verzekering vooral gunstig voor de hogere inkomens, voor jongeren, voor mensen met gunstige risico's en voor paren zonder kinderen. Het ziekenfonds was vooral gunstig voor kostwinners met een laag inkomen. Partner en kinderen waren immers min of meer gratis meeverzekerd. Aan de andere kant waren tweeverdieners zonder kinderen en met inkomens net onder de ziekenfondsgrens de grootste netto-betalers in dit systeem.[10]

AWBZ

De AWBZ was de verplichte verzekering voor de langdurige zorg. In de praktijk deden de mensen met een lager inkomen een veel groter beroep op deze verstrekkingen dan zij met een hoger inkomen.[11] Het persoonsgebonden budget, sinds 1995 onderdeel van de AWBZ, vormt daarop wel een belangrijke uitzondering.[12] De AWBZ werd gefinancierd vanuit sociale premies, rijksbijdragen en (inkomensafhankelijke) eigen bijdragen. Omdat de AWBZ-premie werd behandeld als integraal onderdeel van de belastingheffing, was de impact van premieveranderingen voor de inkomenssolidariteit beperkt. De door de AWBZ gegenereerde solidariteit hing vooral samen met de steeds toenemende werkingssfeer van deze regeling voor nieuwe doelgroepen. Daarbij kan men denken aan de RIAGG, de thuiszorg, de verzorgingshuizen, de abortusklinieken en de huishoudelijke hulp die geleidelijk allemaal onder deze regeling werden gebracht. We kunnen echter ook denken aan de introductie van minder geclausuleerde omschrijvingen van wat onder verzekerde zorg wordt verstaan. Denk aan de komst van het persoonsgebonden budget in 1995 of aan de functionele omschrijvingen (met name begeleiding) in 2003. Hierdoor nam de risicosolidariteit binnen dit systeem snel toe. De premie steeg dan ook van 5,25% (1990) naar 13,45% in 2005 bij een inkomensgrens van dertigduizend euro in dat laatste jaar. Dit was mede mogelijk doordat de AWBZ de mogelijkheid voor een aparte subsidieregeling kende, waardoor overhevelingen eenvoudig inpasbaar waren zonder directe budgettaire consequenties. Die kwamen later omdat deze voorzieningen al snel als echte of pseudoaanspraken werden gezien. De AWBZ kon zo functioneren als vangnet voor ingrepen in aanpalende terreinen van de verzorgingsstaat. Wel kon bij de indicatiestelling voor de AWBZ gebruik worden gemaakt van een clausule waarin gebruikelijke zorg, bijvoorbeeld door naaste familieleden, niet hoefde te worden vergoed.

ZORGVERZEKERINGSWET, WET MAATSCHAPPELIJKE ONDERSTEUNING EN WET LANGDURIGE ZORG

Curatieve zorg
De nieuwe private basisverzekering, in 2006 door een centrumrechts kabinet ingevoerd, leidde in eerste instantie tot méér solidariteit. De premie voor de nieuwe basisverzekering was voor de helft inkomensafhankelijk (tot een inkomen van zo'n dertigduizend euro) en voor de andere helft nominaal vastgesteld, aanvankelijk zo'n duizend euro per jaar per verzekerde. De zorgkosten voor kinderen werden voortaan bekostigd uit algemene middelen. De vrijwillige solidariteit binnen de particuliere verzekeringen werd afgeschaft. De risico- en inkomenssolidariteit werd daardoor uitgebouwd via onder meer het verbod op premiedifferentiatie en een gedeeltelijk inkomensafhankelijke premie. Het nieuwe systeem was ook gunstig voor particulier verzekerden met kinderen die daar voortaan geen premie meer voor hoefden te betalen.

Mensen met een lager inkomen, circa 25.000 euro voor alleenstaanden en veertigduizend euro voor meerpersoonshuishoudens, kregen nu een zogenaamde zorgtoeslag om de nominale premie betaalbaar te houden (maximaal 403 euro respectievelijk 1.155 euro). Bij de start van de nieuwe verzekering ging het al meteen om meer dan vijf miljoen huishoudens. Veel chronisch zieken konden bovendien een beroep doen op (nieuwe) regelingen die hen moesten compenseren voor extra kosten die niet waren verzekerd, maar samenhingen met hun aandoening (Wet tegemoetkoming chronisch zieken, Wtcg). Veel mensen kregen ook compensatie voor het eigen risico als ze dit jaar in jaar uit moesten betalen (Compensatie eigen risico, CER). Dit alles droeg ook bij aan meer risicosolidariteit.

De risicosolidariteit was al toegenomen doordat de eigen betalingen van patiënten waren afgenomen. Impliciete publieke garanties (macronacalculatie en de hoge expost nacalculaties voor verzekeraars) zorgden dat de prijs van het eigen risico aanvankelijk erg laag was. 95% van de verzekerden had daardoor behalve de verplichte no-claim (2006 en 2007) of het verplichte eigen risico (2008) geen vrijwillig eigen risico, terwijl dit in de voormalige particuliere verzekering voor velen juist wel het geval was. Hiernaast had 92% van de bevolking gekozen voor een aanvullende verzekering, dit waren er ook meer dan in het oude systeem. In het eerste jaar van het nieuwe stelsel namen de kosten van de verzekerde zorg daardoor met bijna 9% toe, veel meer dan de economische groei.[13] Voor de schatkist kwamen daarbovenop nog de kosten voor de zorgtoeslag die uit de algemene middelen worden gefinancierd (2,5 miljard euro in 2006).

Na de transitie
De vele compensaties zorgden bij de invoering van het nieuwe stelsel dus voor meer solidariteit. Hoe is dat nu, tien jaar later? Enkele maatregelen hebben een behoorlijke invloed op de solidariteit gehad. Het eigen risico steeg in

zowel 2012 als 2013 substantieel. Veelgebruikers van zorg betalen daardoor nu circa 225 euro per jaar meer dan in 2006. Tegelijkertijd is de zorgtoeslag in 2008 voor mensen met een lager inkomen fors verhoogd ter compensatie van de overgang van de no-claim naar een systeem met eigen risico. In 2012 zijn enkel de mensen met de laagste inkomens nog gecompenseerd voor de stijging van het eigen risico. Omdat bovendien steeds meer mensen kiezen voor een vrijwillig eigen risico en juist minder vaak voor een aanvullende verzekering, liggen de eigen betalingen in de praktijk vaak hoger dan het verplichte eigen risico. Specifieke compensatieregelingen (CER en Wtcg) zijn inmiddels weer afgeschaft of met een forse bezuiniging overgeheveld naar de gemeenten. Hierdoor lijkt de risicosolidariteit binnen het arrangement voor de curatieve zorg weer wat afgenomen.

Tegelijkertijd zijn maatregelen genomen met positieve consequenties voor de inkomenssolidariteit. In 2012 is de inkomensdrempel voor de inkomensafhankelijke premie met zo'n 17.000 euro opgetrokken tot vijftigduizend euro, waardoor hogere inkomens meer premie zijn gaan betalen. Het beschikbare bedrag voor de zorgtoeslag is tegelijkertijd herverdeeld in de richting van de allerlaagste inkomens (ter compensatie voor het gestegen eigen risico). Mensen die recht hebben op de maximale zorgtoeslag betalen daardoor in 2015 zelfs een kleiner deel van de nominale premie dan in 2006 (tabel 1). De consequentie daarvan is wel dat de groep met inkomens tussen de circa 25.000 en 35.000 euro (vijftigduizend voor meerpersoonshuishoudens) er feitelijk op achteruit is gegaan. In 2016 (37%) is het aantal huishoudens dat recht heeft op de zorgtoeslag een heel stuk lager dan in 2006 (56%). De maatregelen die zijn genomen hebben echter de groei van de zorgtoeslag niet weten te stoppen. In 2016 wordt er bijna twee miljard meer uitgeven aan zorgtoeslag dan in 2006. Omdat de zorgtoeslag steeds wordt aangepast aan de gemiddelde premie in de markt, hebben de hogere inkomens meer voordeel van het feit dat de werkelijke gemiddelde premie vaak lager is uitgekomen dan verwacht in de begroting. Het betreft cumulatief ruim driehonderd euro sinds 2006, en dit is vooral sinds 2013 gerealiseerd (tabel 1). Bij mensen die een zorgtoeslag ontvangen vindt er feitelijk een afroming van dit voordeel plaats in het eerstvolgende jaar.

Tabel 1. Kerncijfers premieontwikkeling (eenpersoonshuishoudens, euro's en procenten)

	2006	2010	2012	2013	2014	2015	2016
Verwachte premie Zvw	1.015	1.085	1.222	1.288	1.226	1.211	1.243
Premie gemiddeld	1.028	1.095	1.226	1.213	1.098	1.158	1.204
Verschil	-13	-10	-4	75	128	53	39
Eigen risico	no-claim	165	220	350	360	375	385
Premie max. zorgtoeslag	536	481	550	381	464	466	446
Inkomensafhankelijk	6,50%	7,05%	7,10%	7,75%	7,50%	6,95%	6,75%
Drempelinkomen	30.015	33.189	50.064	50.853	51.414	51.976	52.763
Premie AWBZ, Wlz	12,55%	12,15%	12,15%	12,65%	12,65%	9,65%	9,65%
Drempelinkomen	30.632	32.127	33.863	33.363	33.363	33.589	33.715
Zorgtoeslag #	56%	63%	62%	50%	43%	36%	37%
Zorgtoeslag (€ mrd.)	2.5	3.9	4.6	5.0	3.8	4.0	4.4

Bron: Begroting VWS diverse jaren

Langdurige zorg

In 2007 werd de huishoudelijke hulp naar de nieuwe Wmo overgeheveld. Net als de facto de AWBZ wordt de Wmo gefinancierd uit algemene middelen; de inkomenssolidariteit is dan ook ongeveer gelijk, temeer omdat gemeenten geen gebruik mogen maken van een inkomenstoets. Wel kunnen gemeenten, meer dan de uitvoeringsorganen in de AWBZ (zorgkantoren) dat tot dan toe konden, deze zorg clausuleren aan de hand van de specifieke situatie van de zorgvrager (het keukentafelgesprek). De variatie in de geleverde zorg tussen gemeenten neemt dan ook toe. Dit was tot op zekere hoogte overigens ook de bedoeling van deze wetswijziging. Op landelijk niveau neemt de risicosolidariteit bij de naar de Wmo overgehevelde verstrekkingen dan ook af. De uitvoeringspraktijk zal op termijn tussen gemeenten waarschijnlijk meer gaan verschillen dan tussen zorgkantoren.

In 2015 is de AWBZ opgevolgd door de Wet langdurige zorg (Wlz). De Wlz is bedoeld voor intensieve zorg met een permanent karakter. De zorg vindt meestal plaats in een zorginstelling, maar kan ook worden verkregen met een persoonsgebonden budget of via een volledig pakket thuis. Lichtere zorg die vooral in verzorgingshuizen aan mensen met lagere inkomens wordt verleend, wordt uitgefaseerd. Extramurale zorg is inmiddels overgeheveld naar óf de Zvw (verpleging en persoonlijke verzorging) óf de Wmo (begeleiding en dagbesteding). Het tweede en derde jaar van psychiatrische zorg ging ook naar de Zvw (het eerste jaar was al in 2008 overgeheveld). De premie voor de Wlz is daardoor drie procent lager (9,65%) dan de premie van de oude AWBZ (12,65%). Overhevelingen naar de Wmo impliceren meer mogelijkheden voor clausulering en minder risicosolidariteit. Overhevelingen naar de Zvw hebben een drukkend effect op de inkomenssolidariteit doordat daar met een substantiële nominale premie wordt gewerkt. Tegelijkertijd neemt de risicosolidariteit iets toe door het kleinere belang van eigen betalingen binnen de Zvw dan voorheen binnen de AWBZ. Door de mogelijke keuze voor selectieve zorginkoop kan er in beginsel binnen de Zvw overigens ook meer met clausules worden gewerkt dan in de Wlz. De inkomenssolidariteit binnen de langdurige zorg nam verder marginaal toe doordat in 2013 een vermogensrendementsheffing werd geïntroduceerd. Een meerpersoonshuishouden moet bij gebruik van langdurige zorg een extra heffing betalen over het vrij besteedbaar vermogen boven 125.000 euro.

CONCLUSIES

Is de hoeveelheid solidariteit in de financiering van de zorg onder invloed van de stelselhervormingen nu toe- of afgenomen? Dit artikel maakt duidelijk dat die vraag niet makkelijk valt te beantwoorden. Het is belangrijk om onderscheid te maken tussen de veranderingen binnen de arrangementen zelf en de feitelijke ontwikkelingen in de solidariteitsoverdrachten. Veranderingen in de arrangementen kenmerken zich door een groter aandeel verplichte solidariteit (met name door de opheffing van de particuliere verzekeringen); en door meer mogelijkheden voor clausulering (door mogelijkheden voor selectieve inkoop en door meer toegesneden indicatiestelling door gemeenten). Het beeld is diffuser bij ontwikkelingen van de risico- en de inkomenssolidariteit, maar het lijkt erop dat de inkomenssolidariteit iets is toegenomen. Dat geldt dan vooral voor de laagste inkomens die een beroep kunnen doen op de maximale zorgtoeslag. Hun nominale premie is lager dan tien jaar geleden. De kosten voor de zorgtoeslag zijn bovendien sterk gestegen. Hiernaast is ook de grens voor de inkomensafhankelijke zorgpremie opgetrokken met een stijging van de inkomenssolidariteit tot gevolg. Maar veel lagere middeninkomens hebben moeten inleveren op hun zorgtoeslag. Het niveau van de risicosolidariteit nam aanvankelijk ook fors toe. Dit is in de afgelopen paar jaar enigszins tenietgedaan door een combinatie van stijgende eigen betalingen, de afschaffing van enkele specifieke compensatieregelingen en door de komst van de Wmo binnen het stelsel van langdurige zorg.

We trekken de voorlopige en voorzichtige conclusie dat de arrangementen die de financiële solidariteit inkaderen maar beperkt zijn veranderd en dat daarbij vooral de allerlaagste inkomens zijn ontzien. Dit is materieel echter minder belangrijk dan de autonome groei van de solidariteitsoverdrachten die met name worden gegenereerd door de stijgende zorgkosten. Tot 2012 zijn die toegenomen met zo'n drie tot vier miljard euro per jaar. De zorgkosten zijn erg scheef verdeeld en daardoor leiden groeiende zorguitgaven in de praktijk tot vooral veel meer risicosolidariteit in de richting van de zwaardere en duurdere patiënten en in de richting van de cliënten binnen de langdurige zorg.

Het antwoord op de vraag naar *who gets what, when and how* wordt dus vooral bepaald door de (groten)deels autonome groei van de zorguitgaven en veel minder door veranderingen in de arrangementen, ook al zijn deze ingrijpend hervormd, zoals in ons land het afgelopen decennium is gebeurd. Het is onduidelijk wat deze constatering betekent voor de lange termijn. Dit duidt er verder op dat diegenen die menen dat de stijging van de zorguitgaven op de langere termijn onhoudbaar is, hun hoop eerder moeten vestigen op meer doelmatigheid in de zorg dan op verandering van de solidariteitsarrangementen. Die doelmatigheidsvisie kent dan ook veel supporters binnen het politieke spectrum als die andere hoofddoelstelling van alle hervormingen. Tegelijkertijd is zo'n verbetering van doelmatigheid de inzet van nieuwe politieke strijd.[14] Het zal immers gevestigde belangen raken. In de arbeidsintensieve zorgsector ligt het potentiële verlies aan werkgelegenheid daarbij al snel zwaar op de maag.

NOTEN

1 R. Verburg en R. ter Meulen, 'Solidariteit of rechtvaardigheid in de zorg? Een spanningsveld', in: *Tijdschrift voor Sociale Wetenschappen* 2005-48 nr. 1 en 2, p. 11-31.
2 Pauselijke Raad voor Rechtvaardigheid en Vrede, *Compendium van de Sociale Leer van de Kerk*, Licap cvba, 301, 2004, p. 180.
3 Wetenschappelijke Raad voor het Regeringsbeleid (WRR), Den Haag: Volksgezondheid 1997.
4 Verzekerden dragen medeverantwoordelijkheid voor hun gezondheid; ze zouden door een gezonde leefstijl, door tijdig mee te werken aan preventieve gezondheidszorg en door therapietrouw bij curatieve en revalidatiezorg bijdragen aan herstel of aan het voorkomen van ziekte.
5 Overigens kan men vanuit normatieve overwegingen heel goed tot andere conclusies komen. Zo meende voormalig

minister Hoogervorst dat eigen betalingen juist ook bijdroegen aan het draagvlak voor de totale solidariteit binnen het systeem.

6 Centraal Planbureau (CPB), *Gezondheid loont. Tussen keuze en solidariteit*, Den Haag 2013.
7 Ibidem.
8 Sinds 1986 moesten de goede risico's binnen de particuliere verzekeringen wel meebetalen aan de kosten van de slechte risico's binnen de particuliere verzekering (WTZ) en het ziekenfonds (MOOZ).
9 P.P.T. Jeurissen, *Houdbare solidariteit in de gezondheidszorg, Signalement*, Raad voor de Volksgezondheid en Zorg, Zoetermeer 2005.
10 EIM Onderzoek voor bedrijf en beleid, *Solidariteit in het ziektekostenstelsel, inkomens- en risicosolidariteit in het tweede compartiment*, Zoetermeer 2002.
11 CPB, *Gezondheid loont*.
12 P.P.T. Jeurissen, W.G.M. van der Kraan en P. Vos, 'Het persoonsgebonden budget', in: C.A. de Kam en A.P. Ros (red.), *Jaarboek Overheidsuitgaven 2008*, Sdu uitgevers, Den Haag 2008.
13 Vektis, *Zorgmonitor. Jaarboek 2007. Financiering van de Zorg in 2006*, Zeist 2007.
14 H.A.M. Maarse en D. Ruwaard, 'De politieke economie van de betaalbaarheid en de doelmatigheid van de zorg', in: *TPEdigitaal* 2014-8,(2), p. 118-132.

GERT JAN VAN DER WILT, JAAP DEINUM EN
BAZIEL VAN ENGELEN

De waarde van een leven
Rationalisme en romantiek in de geneeskunde

SAMENVATTING

Zijn er grenzen aan wat een medische behandeling mag kosten? Deze vraag wordt gesteld in een tijd dat de kosten van behandeling van een patiënt met paroxismale nachtelijke hemoglobinurie ca. 340.000 euro per patiënt per jaar kosten. Dit soort vragen brengt ons in verwarring. Aan de ene kant willen we dat geld in de gezondheidszorg zo goed mogelijk besteed wordt. Aan de andere kant willen we patiënten niet een effectieve behandeling ontzeggen. In deze bijdrage zullen we betogen dat de verwarring voortkomt uit een conflict tussen twee denkwijzen: rationalisme en romantiek. Dit maakt duidelijk dat het niet alleen gaat om de vraag of er een grens is aan wat een medische behandeling mag kosten; er zit veel meer achter.

TREFWOORDEN:

kosten, kosteneffectiviteit, Quality Adjusted Life Year (QALY), rechtvaardigheid; utilitarisme, egalitarisme, capability, rationalisme, romantiek

INLEIDING

Regelmatig wordt de vraag opgeworpen of er een financiële grens moet zijn aan het streven om door middel van medische zorg de levensverwachting van patiënten en burgers te verhogen. Onlangs adviseerde de Adviescommissie Pakket (ACP) de kosten van pertuzumab ter behandeling van patiënten met gemetastaseerde borstkanker niet langer te vergoeden. De kosten van een gewonnen Quality Adjusted Life Year (QALY) zouden met dit middel ongeveer 150.000 euro bedragen. Geld dat naar het oordeel van de ACP beter besteed kan worden aan zorg die meer gezondheidswinst oplevert. Het standpunt van de ACP is daarmee duidelijk: ja, er is een grens aan wat een behandeling mag kosten, en die grens hangt af van de gezondheidswinst die je ermee kunt bewerkstelligen. Het advies van de ACP stuitte op kritiek, onder meer vanuit de beroepsgroep van artsen en specialisten. Oncoloog Van der Hoeven: 'De dokter maakt altijd met de patiënt de afweging of een behandeling zinvol is. Bij iemand van 85 jaar die een mooi leven heeft gehad, die met een middel een of twee maanden kan winnen, vraag ik: zou je het wel doen? Op iemand van 20 jaar die 90 procent kans op overleving heeft, praat ik net zo lang in tot die het doet. Dat is een afweging van baten en lasten. Als daar de kosten bijkomen, dan kan ik mijn werk niet meer doen.'[1]

Het doel van dit artikel is om de verwarring in deze discussie beter te begrijpen. We gebruiken de term verwarring hier met opzet. Het is verwarrend dat we aan de ene kant verwachten dat middelen ingezet worden daar waar ze naar verwachting de meeste gezondheidswinst opleveren, terwijl we het aan de andere kant onverteerbaar vinden dat geld een reden is om een patiënt een effectieve behandeling te onthouden. Dit kan worden voorgesteld als een conflict tussen twee waarden, zoals rechtvaardigheid en autonomie, of als een conflict tussen twee opvattingen van rechtvaardigheid, zoals utilitarisme en egalitarisme. In dit artikel zullen we echter betogen dat de verwarring ook begrepen kan worden als een botsing tussen twee levenshoudingen: rationalisme en romantiek. We maken daartoe gebruik van Isaiah Berlins *The Roots of Romanticism*.[2]

We gaan hierna eerst in op de vraag hoe de economische waarde van een mensenleven berekend wordt en wat de onderliggende gedachtegang is. Daarna volgt een korte dialoog tussen twee van de auteurs (GJVDW en JD) waarin het perspectief van de arts wordt geschetst. In het afsluitende deel leggen we uit waarom we denken dat de verwarring gezien kan worden als een botsing tussen rationalisme en romantiek, en hoe deze interpretatie ons verder zou kunnen helpen.

DE WAARDE VAN EEN LEVEN

Het principe dat ten grondslag ligt aan de berekening van de economische waarde van een leven kan aan de hand van een voorbeeld worden uitgelegd. Stel, er bevindt zich in een stad een kruising tussen twee wegen. Het is een druk punt en de verkeerssituatie is wat onoverzichtelijk. Er doen zich regelmatig ongevallen voor waarvan sommige met dodelijke afloop. De gemeente laat een onderzoek uitvoeren. Het blijkt mogelijk een rotonde aan te leggen en men verwacht dat het aantal ongevallen met dodelijke afloop gehalveerd zal worden. De kosten van de rotonde worden geraamd en met een aantal aannames over afschrijvingstermijn en onderhoudskosten kan berekend worden welke uitgaven gemaakt worden om één sterfgeval te voorkomen. Als de gemeente besluit dit geld voor de rotonde over te hebben, kan de econoom zeggen: kijk, dit is wat men er kennelijk voor overheeft om een sterfgeval te voorkomen. Daarnaast zal hij erop wijzen dat er tal van andere mogelijkheden zijn om een mensenleven te redden, zoals het verlagen van de concentratie fijnstof in de lucht, het aanbieden van EHBO-cursussen, het verplichten om een fietshelm te dragen, enzovoort. Hij zal er ook op wijzen dat er meer mogelijkheden zijn dan we ooit kunnen betalen en dat er dus keuzes gemaakt moeten worden. Hij weet ook hoe die keuzes gemaakt moeten worden: zorg ervoor dat het rendement van de investeringen in al die programma's ongeveer gelijk is. Dan heb je namelijk het meeste waar voor je geld. In dit geval is dat: zoveel mogelijk sterfte voorkomen.

Een vergelijkbare redenering ligt ten grondslag aan de berekening van wat de verbetering van iemands gezonde levensverwachting met één QALY mag kosten. Een interessante studie op dit gebied is die van Claxton en zijn groep.[3] Deze is uitgevoerd in Engeland, waar sprake is van een vast budget voor de gezondheidszorg. Lokaal moeten *primary care trusts* erop toezien dat burgers en patiënten toegang hebben tot de zorg en dat deze zorg ook gefinancierd wordt. Wanneer men nieuwe, vaak dure voorzieningen wil toevoegen, moeten *primary care trusts* de benodigde financiële ruimte binnen hun eigen budget creëren. Dit kan gebeuren door bestaande voorzieningen niet langer te financieren. Het bijzondere aan de studie van Claxton is dat zij hebben onderzocht welke voorzieningen in dergelijke gevallen opgeofferd werden en welk verlies aan gezondheid daarmee naar verwachting gemoeid was. Zij berekenden hoeveel gezondheidswinst nieuwe voorzieningen opleverden en hoeveel er verloren ging met het afschaffen van bestaande voorzieningen. De kosteneffectiviteit van de afgeschafte voorzieningen bleek £ 12,936 / QALY te bedragen. Claxton liet zien dat die grens bij een aantal nieuwe behandelingen ruimschoots overschreden werd, waardoor uiteindelijk een netto-verlies aan gezondheid ontstaan was. 'Patiënten lijden wanneer de National Health Service kostbare nieuwe geneesmiddelen inkoopt', kopte *The Guardian*.[4] Bestaande zorg wordt als het ware verdrongen door de nieuwe behandelmogelijkheden en dat pakt niet altijd goed uit. De overeenkomst met het eerste voorbeeld van verbetering van de verkeersveiligheid is dat in beide gevallen gestreefd wordt naar maximalisatie: probeer zoveel mogelijk van het goede – of het nu om sterftereductie of om QALY's gaat – te realiseren door te investeren in de doelmatigste programma's. Of zoals Claxton het verwoordt:

> We employ a model that assumes that each Primary Care Trust receives an annual lump sum budget and allocates its

resources across the 23 programmes of care to maximize the health benefits associated with that expenditure.

Om daar vervolgens aan toe te voegen dat een overheid:

cannot and does not necessarily need to know what specific services and treatments will be displaced in particular localities or who will actually forgo health.

In Nederland heeft deze benadering haar beslag gekregen in het beleid van het Zorginstituut. Dit instituut heeft de wettelijke taak van pakketbeheerder en adviseert de minister van VWS over de samenstelling van het verzekerde pakket. Kort geleden bracht het instituut een rapport uit waarin het grenswaarden voorstelt voor kosteneffectiviteit van medische voorzieningen.[5] De ernst van de ziekte bepaalt de grenswaarde: bij ernstige ziektes wordt een hogere grenswaarde acceptabel geacht dan bij minder ernstige ziektes (zie Tabel 1).

Tabel 1. Grenswaarden van kosteneffectiviteit in relatie tot de ernst van de ziekte

Ernst van de ziekte	Maximale kosten per QALY (€)
0.10 – 0.40	20.000
0.41 – 0.70	50.000
0.71 – 1.00	80.000

Bron: *Kosteneffectiviteit in de praktijk. Zorginstituut Nederland, juni 2015*

Een dokter aan het woord
Hieronder geeft een van de auteurs (JD) in een kort interview zijn visie op het stellen van een maximum aan wat een behandeling mag kosten.
GJvdW: Het Zorginstituut Nederland heeft onlangs opgemerkt dat er steeds vaker nieuwe behandelingen beschikbaar komen waarvan de kosten hoog zijn in verhouding

tot de gezondheidswinst die ermee bereikt wordt. Ze zijn bang dat de zorg op deze manier onbetaalbaar wordt. Ze stellen voor om een maximum in te voeren voor wat een behandeling mag kosten in vergelijking tot de gezondheidswinst die ertegenover staat. Op deze manier worden de middelen die door de gemeenschap worden opgebracht het best besteed. Bovendien wordt er niemand voorgetrokken of achtergesteld: voor iedereen gelden dezelfde regels. Wat vind jij van dit voorstel?

JD: Het gaat voorbij aan het probleem waar ik dagelijks mee geconfronteerd word. Dat probleem is dat er iemand is die (ernstig) ziek is, en daardoor lijdt, onzeker is, of bang. Die persoon doet – terecht – een beroep op mij. En het is mijn taak om die persoon te helpen zodat zij niet langer lijdt, onzeker of bang is, en haar leven weer kan oppakken. Het repertoire van dingen die ik kan doen als dokter is voortdurend aan verandering onderhevig. Van sommige dingen weten we vrij veel, van andere veel minder of zo goed als niets. In sommige behandelingen heb ik vrij veel vertrouwen, daar zie ik de waarde voor de patiënt van in, in andere behandelingen heb ik minder vertrouwen. Het is moeilijk te voorspellen of een patiënt baat zal hebben bij een bepaalde behandeling, dat is vaak een kwestie van zoeken. Er zijn natuurlijk allerlei partijen die mij voortdurend willen laten geloven dat een bepaalde behandeling wel of niet zinvol is voor bepaalde patiënten, zoals mijn beroepsvereniging, collega's, het management van ons ziekenhuis, zorgverzekeraars, fabrikanten, patiëntenverenigingen, enzovoort. Ik sta daar in principe voor open als het niet vermengd wordt met allerlei oneigenlijke belangen en op voorwaarde dat mijn eigen inzichten, overwegingen en ervaringen ook serieus worden genomen. Wat ik mis in de kille kosten-batenafweging is de menselijke factor: de patiënt die een beroep op mij doet kan ontredderd zijn, zich niet gehoord voelen, lijden, bang zijn voor wat hem boven het hoofd hangt, niet in staat zijn om zijn leven te leiden op de manier zoals hij dat (gerechtvaardigd) zou willen, enzovoort. Ik ben er om mensen die in dergelijke situaties verkeren te helpen; om te achterhalen wat er aan de hand is en wat er gedaan zou kunnen worden. Ik doe datgene wat in mijn ogen noodzakelijk is en wat ik kan verantwoorden omdat het een bijdrage kan leveren aan de oplossing van de probemen van de patiënt.

GJvdW: Maar de vraag daarbij is: hoe ver ga je daar in? Zijn er grenzen?

JD: Jazeker, maar die liggen op het vlak van wat medisch gezien zinvol of zinloos handelen is. Laat ik een voorbeeld geven: bijniervene-sampling bij patiënten met hypertensie als gevolg van aldosteronisme. Er zijn mensen die ons willen doen geloven dat bijniervene-sampling een waardevolle aanvulling is op de huidige diagnostiek van aldosteronisme. Ik heb daar mijn twijfels over.

GJvdW: Waarom?

JD: Vooral op theoretische gronden. Het zou kunnen, maar ik vind dat het niet overtuigend is aangetoond.

GJvdW: Is dat belangrijk?

JD: Ja, maar vooral omdat het een vrij ingrijpende vorm van diagnostiek is. Kosten of kosteneffectiviteit zijn daarbij voor mij minder zwaarwegend. Wij zijn niet bezig met het produceren van zoveel mogelijk QALY's. Ik weet niet wie dat bedacht heeft, maar het is een enorme misvatting.

GJvdW: Maar vind je niet dat je verantwoording moet afleggen over de keuzes die je maakt?

JD: Tegenover wie dan? Kijk, ik, wij, doen geen idiote dingen. We proberen naar eer en geweten mensen te helpen. Daarin past geen kosten-batenafweging; niet in de individuele patiëntenzorg. Je mag wel vragen stellen bij wat wij als internisten door de bank genomen doen. Daar zitten volgens mij geen idiote dingen bij. Natuurlijk moet je kritisch blijven. Ik heb zo mijn twijfels bij renale denervatie ter behandeling van hypertensie. Maar die komen voort uit twijfel of de patiënt daar wel echt mee geholpen is. Ik zie overigens wel heel wat ondoelmatigheid in de zorg. En daar kan ik me behoorlijk over opwinden. Maar dat schrijf ik vooral toe aan laksheid van collega's, labbekakkerigheid, ondoordachtheid, onverschilligheid of, erger, gerichtheid op eigen gewin of prestige. En ik wind me erover op omdat patiënten daardoor soms ernstig tekort wordt gedaan. Dat is de context waarin ik werk. Behoorlijk absurdistisch af en toe. En daarin probeer ik me staande te houden en het goede te doen. Dat valt overigens niet altijd mee.

DE WAARDE VAN HET LEVEN. RATIONALISME VERSUS ROMANTIEK

Het is in het huidige tijdsbestek geen onverdeeld compliment om aangemerkt – we zouden bijna zeggen: weggezet – te worden als romanticus. Zo iemand wordt toch enigszins buiten de orde geplaatst. Ten onrechte, lijkt ons. Deze stellingname vergt uiteraard een begripsverheldering: wat bedoelen we met romantiek? We zullen dat toelichten met hulp van het eerder genoemde werk van Isaiah Berlin. Deze acht het belang van de romantiek voor onze huidige tijd hoog: 'The importance of romanticism is that it is the largest recent movement to transform the lives and the thought of the Western world' (p. 1). Hij probeert de romantiek te begrijpen door te onderzoeken waar het zich tegen afzet. Dat is met name het Verlichtingsdenken. Dit Verlichtingsdenken vat Berlin samen in een drietal stellingen: 1. Alle waarachtige vragen zijn uiteindelijk te beantwoorden, 2. Alle antwoorden op deze vragen zijn in principe kenbaar, en 3. Al deze antwoorden zijn met elkaar verenigbaar (p. 21). Berlin noemt deze visie op de werkelijkheid de legpuzzelvisie: er is een orde, en de uitdaging is om die orde te ontdekken en ons leven vervolgens in overeenstemming met die orde in te richten (p. 23).

Dit gedachtegoed bereikt een hoogtepunt in de achttiende eeuw en wordt kernachtig geformuleerd door Bernard de Fontenelle (1657-1757):

Un ouvrage de morale, de politique, de critique, peut-être même de l'éloquence, en sera plus beau, toutes choses d'ailleurs égales, s'il est fait de main de géomètre.[6]

Het Verlichtingsdenken drukt de overtuiging uit 1. dat er, uiteindelijk, orde is, samenhang in de werkelijkheid, 2. dat als we die orde niet zien, niet ervaren, dit een gevolg is van onze eigen tekortkomingen, onze eigen domheid, luiheid, of kortzichtigheid, 3. dat er een beloning is voor het overwinnen van die tekortkomingen, 4. dat tegenstrijdigheden slechts schijn zijn, 5. dat er één unieke oplossing is voor de puzzel, en 6. dat het leven bestaat uit het vinden van die oplossing en het inrichten van ons leven, onze samenleving en onze leefomgeving in overeenstemming met het gevonden inzicht. Het was bedoeld als bevrijding; antwoorden werden niet langer gezocht in openbaring, in traditie, in dogma, maar in het juiste gebruik van de rede, deductief of inductief. Maar dit rationalisme werd ook als knellend ervaren, en riep een reactie op. Berlin:

> These models invariably begin by liberating people from error, from confusion, from some kind of unintelligible world which they seek to explain to themselves by means of a model; but they almost invariably end by enslaving those very same people, by failing to explain the whole of experience. They begin as liberators and end in some sort of despotism. (p. 3)

Voor vroeg-romantici zoals Johann Georg Hamann (1730-1788) is God geen meetkundige (zoals De Fontenelle suggereert), maar een dichter (p. 48). Voor hem moeten idealen en doeleinden niet ontdekt worden door middel van intuïtie, niet door het lezen van heilige teksten, niet door te luisteren naar deskundigen of door middel van wetenschappelijk onderzoek; ze moeten helemaal niet ontdekt worden, maar uitgevonden, gecreëerd. In het scheppen vindt de mens pas echt zijn vrijheid. In reactie op de legpuzzelbenadering van het bestaan ontstaat een beweging die juist de nadruk legt op het unieke karakter van levenservaringen, de onverenigbaarheid van idealen en de daaruit voortvloeiende onvermijdelijke tragiek van het leven, de complexiteit van het bestaan en het onvermogen van de mens om deze volledig te doorgronden. Dit is de romantiek, een stroming waarin, vanwege het unieke, eindeloos gevarieerde en ondoorgrondelijke karakter van het bestaan, meer waarde wordt gehecht aan motieven dan aan uitkomsten van handelen, meer waarde aan toewijding dan aan berekening. Een beweging die zich afkeert van de overmoedige overtuiging dat met voldoende inzet de orde, de samenhang, de logica van het bestaan uiteindelijk ontdekt kan worden en dat daarmee een basis gelegd kan worden voor de wijze waarop we ons leven en de samenleving moeten inrichten. Hamann, in de woorden van Berlin,

> [thought that] the sciences, if they were applied to human society, would lead to a kind of fearful bureaucratisation... He [Hamann] was against scientists, bureaucrats, persons who made things tidy, smooth Lutheran clergymen, deists, everybody who wanted to put things in boxes, everybody who wished to assimilate one thing to another, who wished to prove, for example, that creation was really the same as the obtaining of certain data which nature provides and their rearrangement in certain pleasing patterns...
> (p. 42-43)

In de politiek vindt dit gedachtegoed zijn weg bij onder meer Edmund Burke (1729-1797) die, in de woorden van Berlin, stelde dat 'a social contract or some kind of utilitarian arrangement for the purpose of living a happier life, or preventing collisions with human beings is shallow' (p. 124).

Hoewel Berlin een scherp oog heeft voor de beperkingen, zelfs de waanzin van de romantiek (p. 117), ziet hij ook het grote belang van deze stroming in voor de huidige tijd:

The notion that there are many values, and that they are incompatible; the whole notion of plurality, of inexhaustibility, of the imperfection of all human answers and arrangements; the notion that no single answer which claims to be perfect and true, whether in art or in life, can in principle be perfect or true – all this we owe to the romantics. (p. 146)

KOSTENEFFECTIVITEIT EN ROMANTIEK

De belangrijkste stelling van ons betoog is deze: het willen bepalen of een behandeling in aanmerking komt voor vergoeding op basis van kosteneffectiviteit en bijbehorende grenswaarden, al of niet uitgesplitst naar ernst van ziekte, is een voorbeeld van de legpuzzelvisie op het bestaan. Deze visie staat haaks op de ervaring van de praktijk van de geneeskunde die wordt gekenmerkt door uniciteit, door eindeloze gevarieerdheid, door de fundamentele onverenigbaarheid van waarden en de tragiek die dat soms met zich meebrengt. Kosteneffectiviteitsanalyse beoogt een pijnloze oplossing te bieden voor keuzes in de zorg; het veronderstelt dat alle effecten van medisch handelen in een QALY uitgedrukt kunnen worden en dat er één eenduidige en juiste oplossing is voor verdelingsvraagstukken.[7]

Dit doet geen recht aan de ervaring in de praktijk van de geneeskunde, wat leidt tot verzet en irritatie. Die komt deels voort uit ervaren bemoeizucht. Maar het is complexer dan dat. Bemoeienis is oké, iedereen snapt dat het gaat om besteding van middelen van de gemeenschap en dat verantwoording daarbij hoort. Wat vooral stoort is de enorme versimpeling van het probleem en de miskenning van de fundamentele onoplosbaarheid van de dilemma's die zich in de praktijk voordoen. De ontmoeting tussen de dokter en de patiënt is niet een ontmoeting die volledig bepaald wordt door vooraf gegeven schema's, classificaties en protocollen. Of liever gezegd: dat zou die niet moeten zijn. De waarde van die ontmoeting is ook gelegen in het feit dat er iets onverwachts gebeurt, iets gecreëerd wordt. Of zoals René ten Bos het onlangs formuleerde tijdens een voordracht over de Italiaanse filosoof Giorgio Agamben: 'met een soort onbevangenheid gewoon begrijpen dat met deze persoon die tegenover je staat eigenlijk alles mogelijk wordt'.[8] Deze waarde van de ontmoeting tussen dokter en patiënt komt op geen enkele manier tot uitdrukking in kosteneffectiviteitsanalyses zoals die nu uitgevoerd worden in de gezondheidszorg.

KINDEREN VAN TWEE WERELDEN

We zijn echter, zoals Berlin opmerkt, kinderen van twee werelden, het rationalisme en de romantiek: 'we are children of two worlds. We give so many marks for consequence, so many marks for motive, and we oscillate between the two' (p. 141). Ook de dokter is een rationalist, want de ontmoeting tussen de dokter en de patiënt zou niet veel waard zijn wanneer de dokter in die ontmoeting niet eveneens putte uit zijn rijke kennis en ervaring. Het stellen van een juiste diagnose is van grote waarde wanneer 'the assigning of an individual to a given diagnostic group has probability implications which it is clinically unsound to ignore'.[9] Dit suggereert dat de uitdaging is om een balans te vinden tussen de twee denkwijzen, rationalisme en romantiek. Als het gaat om keuzen in de zorg, is die balans wellicht te vinden in het werk van Amartya Sen.[10] Sen heeft het zogenaamde *capability* begrip uitgewerkt. Hieronder verstaat hij de set van mogelijkheden waarover mensen beschikken om te doen en te zijn wat zij met reden waardevol vinden. Het is geen legpuzzel-benadering van het vraagstuk omdat het niet specificeert om welke dingen het dan precies gaat. Dat moet lokaal vastgesteld worden in een deliberatief proces. Ook toont het werk van Sen oog voor complexiteit omdat het onderkent dat iemands *capability* afhangt van zijn eigenschappen, de middelen waarover hij beschikt en zijn fysieke en sociale omstandigheden. Bovendien getuigt het van oprechte betrokkenheid bij hoe het mensen in hun leven vergaat en is het niet onverschillig ten aanzien van de gevolgen van keuzen in de zorg voor individuele patiënten. Verder schrijft het niet voor wat mensen met hun leven moeten doen maar wat mensen met hun leven moeten kunnen doen. Wellicht is de *capability* benadering een invulling van rechtvaardigheid die meer recht doet aan de rijke ervaring van de praktijk van de geneeskunde dan het utilitarisme dat ten grondslag ligt aan het huidig gebruik van kosteneffectiviteitsanalyses in de gezondheidszorg.

De vraag of er een grens is aan de inspanning die een samenleving moet leveren om de gezonde levensverwachting van haar burgers verder te vergroten, is een belangrijke en actuele vraag. Pogingen van de overheid om grenzen te stellen stuiten op veel verzet en onbegrip. Anderzijds, patiënten die zorg verlangen die buitengewoon kostbaar is en waar relatief geringe gezondheidswinst tegenover staat, kunnen ook niet altijd rekenen op sympathie vanuit de samenleving. Hoe moeten we hiermee verder? We hebben in dit artikel geen kant-en-klare oplossing aangedragen. In plaats daarvan hebben we geprobeerd het vraagstuk beter te begrijpen door het te verbinden met een breder vraagstuk: rationalisme versus romantiek. Beide staan als twee wezenlijk verschillende denk- of leefwijzen tegenover elkaar. Onze stelling hierbij is dat beide van waarde zijn voor de mens, dat ze vrijwel altijd tegengesteld zijn, en dat ze samenkomen in belangrijke praktijken zoals de geneeskunde. Het onderkennen van deze onoplosbare tegenstelling lijkt ons een belangrijke stap. Het zou moeten helpen om te voorkomen dat we steeds ingewikkelder schema's maken om middelen te verdelen, of ze nu gebaseerd zijn op utilistische of egalitaire rechtvaardigheidsprincipes. Het zou ook moeten helpen te voorkomen dat we doorslaan naar de andere kant van een extreem doorgevoerde *personalized healthcare*. Het is een kwestie van *muddling through*.[11] Niet erg bevredigend voor de rationalist noch voor de hardcore romanticus, daar zijn wij ons van bewust.

NOTEN

1 K. Berkhout, 'Winst in maanden, niet in euro's', in: NRC *Handelsblad*, 6 november 2015, p. 8-9.
2 I. Berlin, *The Roots of Romanticism*, Princeton University Press Princeton (NJ) 1999.
3 K. Claxton, S. Martin, M. Soares, N. Rice, E. Spackman, S. Hinde e.a., 'Methods for the estimation of the National Institute for Health and Care Excellence cost-effectiveness threshold', in: *Health Technology Assessment* 2015-19, p. 1-503, v-vi. doi: 10.3310/hta19140.
4 S. Boseley, 'Patients suffer when NHS buys expensive new drugs, a report says', in: *The Guardian*, 19 februari 2015.
5 *Kosteneffectiviteit in de praktijk*. Rapport van het Zorginstituut Nederland, uitgebracht op 26 juni 2015 aan de minister van VWS.
6 B. de Fontenelle, *Préface sur l'utilité des mathématiques et de la physique*, 1729, p. 44. 'Een werk op het gebied van de politiek, de moraal, de literaire kritiek, ja wellicht zelfs op het gebied van de welsprekendheid zal, alles bij elkaar genomen, fraaier zijn wanneer in de handen van een meetkundige.'
7 H. Richardson, 'The stupidity of the cost-benefit standard', in: *J Legal Studies* 2000-29(S2), p. 971-003.
8 Prof.dr. R. ten Bos, 'Giorgio Agamben'. Lezing in het kader van het Radboud Reflects programma Actuele Denkers, 23 september 2015.
9 P.E. Meehl, *Psychodiagnosis. Selected Papers*, University of Minnesota Press, Minneapolis 1973.
10 A. Sen, *The idea of justice*, Harvard University Press, Cambridge (MA) 2009.
11 Ch.E. Lindblom, 'The science of "muddling through"', in: *Publ. Adm. Rev.* 1959-19 (2) p. 79-88.

NICOLE KIEN

Welke rol mag de euro in de spreekkamer spelen?

SAMENVATTING
Sinds 2003 is het een onderdeel van de eed die een arts aflegt dat de arts zich verantwoordelijk voor de samenleving zal opstellen en de toegankelijkheid van de gezondheidszorg zal bevorderen. Het is de vraag of daarmee aan de arts de bevoegdheid is gegeven om het kostenbeslag dat een bepaalde behandeling op de samenleving heeft zwaarder te laten wegen dan de noodzaak voor de patiënt om deze behandeling te krijgen. De regeling van de geneeskundige behandelingsovereenkomst, de tuchtrechtelijke verhoudingen conform de Wet BIG, de zorgverzekeringswetgeving en ook de zorginkooprelatie geven weinig aanknopingspunten om de euro daadwerkelijk een rol in de spreekkamer te laten spelen, maar onder omstandigheden kan dat wel enigszins aan de orde zijn. Waar financiële overwegingen in de zorg tot duivelse dilemma's leiden, dienen afwegingen op bestuurs- en politiek niveau tot duidelijke kaders te leiden. Die dilemma's horen niet thuis achter de gesloten deur van de spreekkamer.

TREFWOORDEN:
artseneed, Zorgverzekeringswet, Wet BIG, Kwaliteitswet Zorginstellingen, dotter-arrest, zorginkooprelatie

INLEIDING

De arts is een van de oudste beroepsbeoefenaren. Sinds jaar en dag zweren of beloven artsen in Nederland als volgt:

Ik zweer/beloof dat ik de geneeskunst zo goed als ik kan zal uitoefenen ten dienste van mijn medemens. Ik zal zorgen voor zieken, gezondheid bevorderen en lijden verlichten. Ik stel het belang van de patiënt voorop en eerbiedig zijn opvattingen. Ik zal aan de patiënt geen schade doen. Ik luister en zal hem goed inlichten. Ik zal geheim houden wat mij is toevertrouwd. Ik zal de geneeskundige kennis van mijzelf en anderen bevorderen. Ik erken de grenzen van mijn mogelijkheden. Ik zal mij open en toetsbaar opstellen. Ik ken mijn verantwoordelijkheid voor de samenleving en zal de beschikbaarheid en toegankelijkheid van de gezondheidszorg bevorderen. Ik maak geen misbruik van mijn medische kennis, ook niet onder druk (...).[1]

De relatie tussen arts en patiënt is al eeuwenlang een bijzondere. De doorsnee patiënt weet doorgaans van zijn opgekomen aandoening weinig af en is dan aangewezen op het advies of de hulp van de arts om hem of haar van het door de aandoening veroorzaakte leed af te helpen. Dat zorgt al voor een zekere mate van afhankelijkheid. Daarnaast geldt dat de patiënt zelf vaak niet goed kan controleren of het advies van de arts juist is. De patiënt zal dus het vertrouwen moeten hebben dat het advies of de hulp die geboden wordt de juiste is. En tot slot komt daar ook nog bij dat de patiënt zijn persoonlijke integriteit opgeeft doordat de arts lichamelijk onderzoek uitvoert of soms bepaalde feitelijkheden rond de patiënt uitvraagt die deze anderszins nooit zou delen. Dat mensen in 2015 andere mensen een zodanig verstrekkend vertrouwen geven is – bijna – uniek en een voorwaarde voor een juiste en kwalitatief verantwoorde beroepsuitoefening.[2]

Het is aannemelijk dat, wanneer de euro een zodanige

rol in de spreekkamer zou spelen dat de arts niet langer overeenkomstig de eed kan handelen, het vertrouwen van de patiënt in de arts ook snel weg zal ebben. Het zou een tragedie van ongekende omvang zijn (vanuit divers perspectief) wanneer een populatie breed het vertrouwen in de medische behandelaars zou kwijtraken. Het is daarom relevant om na te gaan of de euro een rol in de spreekkamer speelt en zo ja, of dat op een wijze gebeurt die het vertrouwen in de behandelaar al dan niet onder druk zet.

DE EURO IN DE EED?

Onderdeel van de eed is sinds 2003 dat de arts zich verantwoordelijk voor de samenleving zal opstellen en de toegankelijkheid van de gezondheidszorg zal bevorderen. Dit onderdeel van de eed bevat op zijn minst aanknopingspunten dat de euro een rol zou mogen spelen bij de keuzes die gemaakt worden. Immers, als de arts zich verantwoordelijk voor de samenleving moet opstellen en de toegankelijkheid van de zorg zal bevorderen, dan zal hij ook verantwoordelijkheid moeten nemen voor de kostenconsequenties die bepaalde keuzen in de patiëntenzorg met zich brengen. Als het kostenbeslag immers zo groot wordt dat de toegankelijkheid van (andere onderdelen in) de zorg belemmerd gaat worden (omdat daar geen budget meer voor is), ontstaat er een situatie waar de arts volgens deze eed verantwoordelijkheid voor moet dragen. De eed laat echter onbesproken op welke wijze dat moet gebeuren.

Betekent dit bijvoorbeeld dat een patiënte die op hoge leeftijd is en een nieuwe pacemaker nodig heeft, deze niet meer zal krijgen omdat het te veel geld kost om die patiënte voor – mogelijk – korte tijd nog een dergelijke voorziening te bieden? En wie bepaalt dat overigens in dat geval en aan de hand van welke normen? Of betekent het dat de patiënt met een weesindicatie[3] een bepaald duur geneesmiddel niet zal krijgen omdat het budget van de instelling daar een te groot deel van kwijtraakt waardoor andere zorg niet langer toegankelijk is? Of wordt van de arts verwacht dat die een strenge selectie maakt van wie nog wel en wie niet meer dat jaar een – dure – beenmergtransplantatie krijgt? Dit zijn allemaal vragen waar het antwoord ethisch niet goed op gegeven kan worden. Het zijn bijna duivelse dilemma's.

Zou de eed bedoelen dat de arts gehouden is om dure zorg te adviseren waar dit moet en minder dure zorg waar dit kan, zoals alom aanvaard wordt als principe, dan lijkt de eed een werkbaar en aanvaard werkuitgangspunt te bevatten. Maar de eed laat het aan de arts in het veld om daar invulling aan te geven en daar waar de budgetten breed in de zorg onder druk staan, lopen we het risico dat de arts voor dit soort dilemma's komt te staan: hoe moet hij met schaarse budgetten keuzes maken? Of is het helemaal niet aan de arts om dergelijke keuzes te maken? Wat zegt de wetgever hier eigenlijk over? Hoe is dit precies geregeld?

DE RELATIE TUSSEN PATIËNT EN ARTS: GENEESKUNDIGE BEHANDELINGSOVEREENKOMST

De relatie tussen patiënt en arts heeft jarenlang geen bijzondere regeling in de wetgeving gehad. De arts werd als een persoon met bijzondere deskundigheid gezien. De verhouding tussen arts en patiënt was niet die van opdrachtgever en opdrachtnemer maar die van belangenbehartiger en afhankelijke. Pas sinds de jaren zeventig is nagedacht over een juridische regeling voor deze bijzondere relatie. Sinds 1 april 1995 bestaat de regeling van de geneeskundige behandelingsovereenkomst zoals die door inwerkingtreding van de Wet op de Geneeskundige behandelingsovereenkomst in afdeling 7.7.5 van het Burgerlijk Wetboek terecht is gekomen.[4]

Wanneer juristen anno 2016 willen weten wat de rechten en plichten tussen arts en patiënt zijn, wordt direct gekeken naar hetgeen daarover in afdeling 7.7.5 van het

Burgerlijk Wetboek is opgenomen. Daarnaast moet overigens ook de bijzondere op de arts toegespitste wetgeving bekeken worden, zoals bijvoorbeeld hetgeen in de Wet Beroepen in de Individuele Gezondheidszorg (hierna: Wet BIG) is bepaald.[5] Daar wordt hierna op ingegaan. Vragen over de reikwijdte van de toepasselijkheid van de regeling van de geneeskundige behandelingsovereenkomst en vele andere vragen worden in deze bijdrage overgeslagen. Er wordt vooral ingegaan op de vraag welke rechten en plichten het ontstaan van de geneeskundige behandelingsovereenkomst tussen arts en patiënt (in de regeling van de geneeskundige behandelingsovereenkomst aangeduid als hulpverlener) eigenlijk met zich brengt met betrekking tot de rol die het geld in de spreekkamer speelt.

Voor wat hoort wat?
Indien gevraagd, hebben behandelaars regelmatig niet goed op hun netvlies staan wat de kernverplichtingen van de patiënt zijn in het kader van de geneeskundige behandelingsovereenkomst. En al helemaal uit het oog verloren is men dat de patiënt de hulpverlener gewoon loon verschuldigd is (art. 7:461 BW). Omdat de meeste artsen direct of via het ziekenhuis gecontracteerd zijn door zorgverzekeraars, wordt de factuur voor de verleende zorg doorgaans niet rechtstreeks door de patiënt, maar door zorgverzekeraars voldaan. Hoewel de zorgverzekeraar de zorg voor zijn of haar verzekerden grootschalig bij vele zorgverleners inkoopt en de relatie met de zorg aan de individuele patiënt daarmee wat op afstand is gezet, moet niet uit het oog worden verloren dat de zorgverzekeraar in veel gevallen als 'derde' partij de schuld van de patiënt jegens de zorgverlener betaalt. In gevallen waarin behandelaars niet verzekerde zorg leveren (bijvoorbeeld bij plastische chirurgie of bij tandheelkunde) is het besef dat de patiënt daar gewoon voor betaalt overigens een stuk groter. Hebben we het over de euro in de spreekkamer, dan is de eerste constatering bij de geneeskundige behandelingsovereenkomst

dat de patiënt in principe gewoon betaalt voor de zorg die verleend wordt.

Waar is de arts in de kern toe verplicht?
De arts moet bij zijn handelen de zorg van een goed hulpverlener in acht nemen en handelt daarbij in overeenstemming met de op hem rustende verantwoordelijkheid, voortvloeiende uit de voor hulpverleners geldende professionele standaard (art. 7:453 BW). Dit brengt met zich mee dat de arts handelt overeenkomstig hetgeen is neergelegd in richtlijnen, protocollen, standaarden enzovoort, maar daarnaast altijd zal moeten handelen zoals een redelijk bekwaam arts dat redelijkerwijs in dezelfde omstandigheden had gedaan.[6] En dat betekent soms dat richtlijnen e.d. gevolgd moeten worden, maar ook dat soms afgeweken moet worden. Van groot belang is dat de gebondenheid aan de professionele standaard een eigen verantwoordelijkheid van de arts is die zelfs door de wensen van de patiënt niet opzij kan worden gezet (art. 7:468 BW): het geeft zelfs een afweermogelijkheid voor de arts om wensen en verlangens opzij te zetten van de patiënt die met de professionele standaard niet te verenigen zijn.[7]

Daar waar de wensen en verlangens van de patiënt niet de plicht tot het handelen volgens de professionele standaard kunnen doorbreken, is het niet aannemelijk dat dit ineens wel zou kunnen bij budgetbeperkingen en verantwoordelijkheid voor de toegankelijkheid van zorg door volgens de professionele standaard noodzakelijke dure zorg niet in te zetten. Zoals de wetgeving nu is vormgegeven en zoals deze in de doctrine en de jurisprudentie wordt uitgelegd, is de (medisch inhoudelijke) professionele standaard leidend voor de behandelkeuze en niet wat de kosten daarvan zijn. Zo oordeelde de rechter in een uitspraak uit 2006 dat de arts de vrijheid en zelfs de verplichting behoudt om eerst, volgens de geldende en erkende normen, zelfstandig te beslissen welke medicijnen hij kan voorschrijven, ongeacht of een zorgverzekeraar een boete oplegt bij het voorschrijven van een bepaald medicijn.[8]

Voor het ziekenhuis en de arts geldt al enkele decennia dat zij niet aan vervulling aan hun zorgplicht kunnen ontkomen met een beroep op de budgetten: uit het dotterarrest uit 1990 volgt dat een budgettekort niet kan leiden tot het niet verstrekken van een behandeling volgens de professionele standaard.[9] Dit brengt met zich dat ondanks budgettaire tekorten behandeling dient te worden geleverd.

In deze zin zou de euro dus niet eens een rol in de spreekkamer mogen spelen, tenzij dat verankerd is in de professionele standaard door bijvoorbeeld op te nemen dat voor de goedkoopste behandeling wordt gekozen (goedkoop waar het kan, maar de duurdere moet worden ingezet indien dit voor de patiënt noodzakelijk is).

Het Zorginstituut Nederland heeft in 2013 wel aangegeven dat de meest concrete mogelijkheden voor een effectieve kosten-batenanalyse in principe in de spreekkamer liggen: zowel patiënt als arts zou de kosten en baten van bepaalde zorg in nauwe samenspraak tegen elkaar af moeten wegen, wat dus ruimte laat voor maatwerk in de spreekkamer.[10] In dat kader is de norm niet zo streng dat slechts de meest optimale behandeling volstaat.[11] Wanneer een arts als professional wordt aangesproken, is dat echter vaak tuchtrechtelijk en de vraag of een dergelijke beleidslijn van een instituut dat bevoegd is over de omvang van het verzekerde pakket te beslissen, op dezelfde wijze stand houdt in individuele gevallen.

IS HET ANDERS IN DE WET BIG/KZI?

Kwaliteit van zorg wordt gehandhaafd op grond van de Wet BIG en de Kwaliteitswet Zorginstellingen (hierna: KZI). In de Wet BIG wordt in geheel niet ingegaan op de financiële component van de behandeling. Wel lijkt het volgende mogelijk. In de Wet BIG is (onder meer) het tuchtrecht voor de medische beroepsgroep neergelegd. In de professionele standaard, welke wordt gebruikt om de tuchtnormen van de Wet BIG in te vullen, kan zoals gesteld onder omstandigheden zijn verankerd dat in principe voor de goedkoopste behandeling wordt gekozen. Maakt een beroepsbeoefenaar in de behandelkamer een afweging die financieel gemotiveerd is en die in het nadeel van de patiënt is, dan kan de beroepsbeoefenaar hierop worden aangesproken door middel van het tuchtrecht van de Wet BIG.

In de parlementaire geschiedenis van de KZi wordt wel expliciet ingegaan op financiële kwesties. De norm die in de KZi aan de arts wordt gesteld, 'verantwoorde zorg', is inhoudelijk gelijk aan die in de Wet BIG. In de toelichting op de KZi wordt ingegaan op de noodzaak om rekening te houden met de financiële situatie. Daarbij wordt gesteld dat de invulling van de kwaliteitsnorm, 'verantwoorde zorg', dynamisch van aard is en gebaseerd op variabelen zoals: 'de aard en omvang van de organisatie, de beschikbare financiën, de stand van de wetenschap, de techniek en de ervaring op enig moment'.[12] En:

> Overigens dient te worden opgemerkt dat het bij kwaliteit gaat om verantwoorde zorg gegeven de vigerende financiële kaders.
> (...)
> Een individuele instelling dient op grond van het onderhavige wetsvoorstel te allen tijde verantwoorde zorg te leveren. Dit betekent niet dat bij een beperkt budget geen keuzes dienen te worden gemaakt. Integendeel, het maken van keuzes is vanuit het oogpunt van effectiviteit en efficiëntie zelfs wenselijk. Echter, keuzes mogen er niet toe leiden dat geen verantwoorde zorg tot stand komt. Keuzes kunnen bijvoorbeeld wel betrekking hebben op de capaciteit van het zorgaanbod.[13]

In 2010 oordeelde de Rechtbank Arnhem in kort geding in een geval aangaande het switchen van de patiënt van het ene biologische geneesmiddel naar het andere dat het ziekenhuis niet deze switch mocht verplichten op grond van financiële overwegingen.[14]

Op grond van de KZi mag de instelling de euro niet leidend laten zijn bij het leveren van verantwoorde zorg, maar spelen financiële aspecten wel degelijk een rol. Het gaat in deze situatie dus vooral om capaciteitsbeperkingen en niet om keuzes die direct het belang van de individuele patiënt schenden.

IS DAT ALLES?

Helaas niet. Van de drie kernrelaties in ons Nederlandse zorgstelsel hebben we er tot nu slechts één besproken: die tussen patiënt en arts en wetgeving die op arts en instituut van toepassing is. Er zijn er echter nog twee meer: die tussen patiënt en zorgverzekeraar, en die tussen arts (of ziekenhuis) en zorgverzekeraar.

Zorgverzekeringsovereenkomst
Uitgaande van huisartsgeneeskundige zorg (zonder farmacie) of zorg die binnen een ziekenhuis aan de patiënt wordt verstrekt (inclusief dure geneesmiddelen), geldt dat iedere verzekerde in Nederland daar aanspraak op heeft op grond van de (verplichte) zorgverzekeringsovereenkomst. Hetgeen minimaal volgens die overeenkomst verzekerd moet zijn is vastgelegd in de basisverzekering (bekijk daarvoor de Zorgverzekeringswet en de daarop gebaseerde uitvoeringsregelgeving) en wordt in de wetgeving aangeduid als 'geneeskundige zorg'.

Geneeskundige zorg is zorg zoals gebruikelijk wordt verleend door onder meer huisartsen en medisch specialisten (zorg zoals zij die plegen te bieden).[15] Wat een arts aan zorg pleegt te bieden, wordt ingevuld door de stand van de wetenschap en de praktijk of, wanneer deze maatstaf niet aanwezig is, door hetgeen in het vakgebied van de betreffende arts geldt als verantwoorde en adequate zorg en diensten.[16] Geld speelt in de verhouding tussen patiënt en zorgverzekeraar in beginsel geen rol. Immers, de aanspraak van de patiënt bestaat wel of niet. Behoort een zorgvorm tot het verzekerde pakket, dan vervalt de aanspraak van de patiënt hierop niet indien het gaat om een dure zorgvorm of wanneer het budget op is.

Al hetgeen in het pakket is opgenomen behoort beschikbaar te zijn: zorgverzekeraars hebben daarvoor zelfs een zorgplicht.[17] Artikel 11 van de Zorgverzekeringswet bevat deze zorgplicht. Het artikel bepaalt dat zorgverzekeraars verplicht zijn de zorg waarop verzekerden aanspraak hebben aan de verzekerden beschikbaar te stellen (naturapolis) of om de kosten van die zorg aan de verzekerde te vergoeden (restitutiepolis):

> De zorgverzekeraar heeft jegens zijn verzekerden een zorgplicht die zodanig wordt vormgegeven, dat de verzekerde bij wie het verzekerde risico zich voordoet, krachtens de zorgverzekering recht heeft op prestaties bestaande uit:
> a. de zorg of de overige diensten waaraan hij behoefte heeft, of
> b. vergoeding van de kosten van deze zorg of overige diensten alsmede, desgevraagd, activiteiten gericht op het verkrijgen van deze zorg of diensten.

De behoefte wordt beperkt door hetgeen waarop de verzekerde naar inhoud en omvang van de zorg of diensten redelijkerwijs is aangewezen.[18] Daarbij speelt enige financiële overweging geen rol. Vanuit dit perspectief speelt geld dan ook geen rol in de spreekkamer, omdat de aanspraak wordt bepaald door de behoefte van de patiënt.

Zorginkooprelatie
Op grond van de Zorgverzekeringswet geldt dat de zorgverzekeraar jegens zijn verzekerden een zorgplicht heeft. In de Memorie van Toelichting bij de Zorgverzekeringswet is over deze zorgplicht onder meer het volgende opgenomen:

Een belangrijke doelstelling van de sociale verzekering die met de Zorgverzekeringswet wordt gerealiseerd, is te waarborgen dat burgers de zorg kunnen krijgen die zij nodig hebben. De zorgverzekeraars, als uitvoerders van de verzekering, komt een belangrijke rol toe bij het realiseren van dat doel. Het gaat er daarbij niet alleen om dat de betaling van de kosten is gewaarborgd. Het gaat er ook om dat de burgers de verzekerde zorg in voorkomend geval ook werkelijk kunnen verkrijgen.[19]

Verzekerden hebben dus recht op de zorg die zij nodig hebben, waarbij geldt dat de kosten van deze zorg gewaarborgd zijn en zij deze zorg ook werkelijk kunnen verkrijgen. In de contracten die worden gesloten met zorgaanbieders en zorginstellingen neemt de zorgverzekeraar veelal prikkels op tot het leveren van doelmatige zorg. Maar tegelijkertijd wordt veelal in de contracten opgenomen dat de zorgverlener zorg moet verlenen die voldoet aan onder meer de WGBO, de Wet BIG, de KZi alsook de Zorgverzekeringswet. De arts is dus gebonden aan zijn beroepsmatige verplichtingen maar tegelijkertijd aan de financiële verplichtingen die de zorgverzekeraar contractueel direct of indirect (bijvoorbeeld via het ziekenhuis) aan de arts oplegt. De arts dient zorg volgens de professionele standaard te leveren. In de gezondheidsrechtelijke literatuur wordt over de verhouding met de zorgverzekeraar overwogen:

> Kostenoverwegingen mogen niet afdoen aan de medisch-professionele standaard. Ook afspraken met zorgverzekeraars kunnen invloed hebben op medisch-professionele beslissingen, maar mogen er niet toe leiden dat de arts onder de professionele standaard gaat werken; dat kan van hem niet worden verlangd. De toegenomen rol van de zorgverzekeraars onderstreept alleen maar het belang dat de medisch-professionele standaard wordt gewaarborgd. Zijn beperkingen van aanspraken in het kader van de zorgverzekeringen op grond van kostenoverwegingen nodig,

dan vereisen die een beslissing op collectief niveau. Zo'n beslissing behoort niet op de arts te worden afgewenteld; een arts kan bovendien in een individueel geval geen inbreuken maken op aanspraken die de verzekerde heeft.[20]

Ondanks het voorgaande is het binnen deze verhouding wel degelijk mogelijk dat geld een rol speelt. Zo mogen zorgverzekeraars voorkeursgeneesmiddelen aanwijzen (preferentiebeleid). Deze aanwijzingsbevoegdheid is wel beperkt tot die situatie waarin de zorg gelijk is en de goedkoopste keuze bevorderd kan worden. Het gaat er dan om dat de in te zetten behandelingen identiek dan wel volledig gelijkwaardig aan elkaar zijn.[21]

In een arrest van 6 november 2015 heeft de Hoge Raad deze lijn onderschreven en bepaald dat een zorgverzekeraar verzekerde zorg alleen mag onthouden in verband met de hoogte van de daaraan verbonden kosten als een andere vorm van zorg wel wordt vergoed die voldoende gelijkwaardig oftewel voldoende uitwisselbaar is.[22]

Uit het voorgaande kan worden afgeleid dat de zorginkooprelatie in de basis niet met zich brengt dat de euro een rol in de spreekkamer speelt, waar dit ongewenst is, maar dat dit op specifiek afgesproken onderwerpen, strikt gereguleerd, wel enigszins aan de orde kan zijn.

Zijn we dus gevrijwaard van een verstrekkende rol van de euro in de spreekkamer?
Artsen zijn jegens de patiënt verplicht zorg te leveren conform de medisch-professionele standaard en kunnen niet op grond van budgettekorten een behandeling verstrekken die niet volgens die standaard is. De arts blijft volledig vrij om te beslissen welk geneesmiddel hij voorschrijft. Maar onder omstandigheden kunnen financiële overwegingen een rol spelen in de medisch-professionele standaard, ondanks dat het belang van de patiënt altijd voor hoort te gaan.

Ook in de relatie tussen zorgverzekeraar en patiënt

spelen financiële overwegingen geen directe rol, doordat de aanspraak van de patiënt wordt bepaald door zijn behoefte, alsmede door hetgeen in het verzekerde pakket is opgenomen. In de verhouding tussen arts en zorgverzekeraar worden wel veelal doelmatigheidsprikkels opgenomen. Zoals hiervoor beschreven zou dit echter geen gevolgen mogen hebben voor de kwaliteit van de behandeling van de patiënt.

Geconcludeerd kan dan ook worden dat financiële overwegingen in principe geen rol hebben en mogen hebben in de spreekkamer. Maar financiële afwegingen worden met het oog op de stijgende zorgkosten steeds meer een onderwerp van discussie. Artsen lijken van de wetgever een cruciale rol toebedeeld te hebben gekregen om te voorkomen dat de euro de boventoon gaat voeren in de spreekkamer. Waar een financiële keuze zonder duivelse dilemma's en zonder kwaliteitsafbreuk aan de toegankelijkheid van de gezondheidszorg zou bijdragen, lijkt niets daaraan in de weg te staan. Maar het lijkt nadrukkelijk niet de bedoeling de arts veel verder dan dit te laten gaan. Integendeel: financiële afwegingen dienen dan op bestuurs- en politiek niveau tot algemene besluitvorming te leiden. Het is nadrukkelijk niet de bedoeling dat dergelijke beslissingen in de spreekkamer worden genomen.

En dat is ook hoe het hoort: dat wij in Nederland – net als in alle eeuwen hiervoor – het vertrouwen hebben in onze arts dat we bij hem of bij haar in goede handen zijn en ons niet hoeven af te vragen of het medisch advies dat wij krijgen op medische of financiële overwegingen gestoeld is. Het is dan ook van groot belang om waakzaam te zijn en het belang en de aanspraak van de patiënt te allen tijde voor ogen te houden en te bewaken.

Met dank aan kantoorgenote mr. C.E. van der Heijden, advocaat.

NOTEN
1 KNMG, *Nederlandse artseneed (inclusief Eed van Hippocrates/ Verklaring van Genève)*, 2003.
2 H.J.J. Leenen, J.C.J. Dute & J.K.M. Gevers (e.a.), *Handboek gezondheidsrecht*, Boom Juridische uitgevers, Den Haag 2014, p. 140-141.
3 Dat is een aandoening die slechts bij een heel kleine groep patiënten voorkomt.
4 Artikel 7:446 BW e.v.
5 Zie bijvoorbeeld hoofdstuk IV van de Wet BIG.
6 Leenen e.a., *Handboek gezondheidsrecht*, p. 60, 64 en 65.
7 Ibidem, p. 102.
8 Rb. Arnhem 18 januari 2006, ECLI:NL:RBARN:2006:AU9846.
9 Gerechtshof 's-Hertogenbosch, 2 juli 1990, RZA 1990, 127 (Dotter).
10 Zie www.zorginstituutnederland.nl/actueel/nieuws/2013/ zorgvuldig-omgaan-met-afweging-kosten-en-baten-bij-keuzes-in-de-zorg.html onder Keuzes in de spreekkamer.
11 Gerechtshof 's-Hertogenbosch 20 juli 2010, JA 2010, 131.
12 *Kamerstukken II*, 1993-94, 23622, 3 (MVT), p. 3.
13 *Kamerstukken II*, 1993-94, 23622, 3 (MVT), p. 20.
14 Rechtbank Arnhem, 28 december 2010, JGR 2011/1.
15 Artikel 2.4 Besluit zorgverzekering.
16 Stb. 2005, 389 en artikel 2.1 lid 2 Besluit Zorgverzekering.
17 Vanzelfsprekend spelen financiële afwegingen wel een rol bij het nemen van de beslissing wat onderdeel van het pakket moet worden – maar die beslissing ligt dan bij de minister van VWS en het Zorginstituut Nederland.
18 Artikel 2.1 lid 3 Besluit Zorgverzekering.
19 Memorie van Toelichting bij Zorgverzekeringswet, Kamerstukken II 2003-2004, 29 763.
20 Leenen e.a., *Handboek gezondheidsrecht*, p. 70.
21 *Staatsblad* 2003, 523, p. 6.
22 Hoge Raad, 6 november 2015, ECLI:NL:HR:2015:3241.

MARTIN BUIJSEN

Schaarse middelen, rechtvaardige gezondheidszorg

SAMENVATTING
Gezondheidszorgbeleid is steeds meer voorwerp van economische afwegingen. Dat er in de gezondheidszorg keuzes gemaakt moeten worden, is zo langzamerhand voor iedereen duidelijk. Aangejaagd door de extreem hoge prijzen van sommige medicijnen, van nieuwe oncolytica in het bijzonder, wordt de keuzevraag de laatste tijd gesteld als de vraag naar de waarde van een mensenleven. Dat wij de keuzevraag zo verwoorden tekent ons onvermogen om de kwestie op de juiste manier te benaderen, namelijk als een vraagstuk van verdelende rechtvaardigheid. Daarvoor is nodig dat wij het recht op gezondheidszorg als mensenrecht serieus nemen. Daarvoor is nodig dat wij doordrongen raken van de betekenis van de in dit recht besloten staatsverplichtingen.

TREFWOORDEN:
waardigheid, mensenrechten, non-discriminatie, zeggenschap

INLEIDING

Gezondheidszorgbeleid is steeds meer voorwerp van economische afwegingen. Dankzij de gezondheidszorg leven we langer, zijn we langer gezond en productief. Maar de zorg kost ook wat. Meer nog, de kosten van de gezondheidszorg stijgen en zij doen dat al jarenlang. Dat de kosten uit de hand gaan lopen, is iets wat velen vrezen. Als redenen worden onder meer genoemd: de vergrijzing, het eindeloos doorbehandelen van oudere patiënten, het tegen elke prijs in leven houden van (veel) te vroeg geboren kinderen en de hoge kosten van nieuwe geneesmiddelen. Dat er in de gezondheidszorg keuzes gemaakt moeten worden, is duidelijk, en dat dit ongelijksoortige keuzes zijn ook. Want hoe zijn bijvoorbeeld de kosten van de behandeling van ouderen met kanker af te wegen tegen die van de zorg voor te vroeg geborenen? En hoe zijn de kosten van een aandoening met een geringe ziektelast die velen treft af te wegen tegen die met een forse ziektelast voor weinigen?

Aangejaagd door de extreem hoge prijzen van sommige medicijnen, van nieuwe oncolytica (crizotinib, ipilimumab, PDI- en PDLI-blokkers) in het bijzonder, is de keuzevraag de laatste tijd gesteld als de vraag naar de waarde van een mensenleven. Maar dat is de vraag helemaal niet.[1] De vraag naar wat een behandeling mag kosten, onvermijdelijk omdat middelen nu eenmaal beperkt zijn, is niet de vraag naar de waarde van een mensenleven. Dat wij de keuzevraag toch zo verwoorden is tekenend voor ons onvermogen om de kwestie op de juiste manier te benaderen, namelijk als een vraagstuk van (verdelende) rechtvaardigheid.

De gezondheidseconomie leert dat de vraag naar gezondheidszorg het aanbod altijd overtreft. Hoe rijk en ontwikkeld een samenleving ook is, nooit zal er voor iedereen genoeg zijn. Er zullen altijd mensen verstoken blijven van de zorg die zij nodig hebben.[2] Dat is weliswaar onvermijdelijk maar niet per definitie onrechtvaardig. Gezondheidszorg is een schaars goed en net als alle schaarse goederen leent het zich voor een eerlijke verdeling.

In de Nederlandse discussies over de verdeling van gezondheidszorg ontbreekt de stem van de jurist helaas maar al te vaak. Zo ontbrandde in de zomer van 2012 het debat over de vergoeding van zeer dure geneesmiddelen voor enkele zeldzame aandoeningen, zogenaamde weesgeneesmiddelen. In de media stuitte de rationaliteit van economische argumenten (doelmatigheid, kosteneffectiviteit) vooral op de emoties van de betrokken patiënten en hun organisaties. Verstandige keuzes in de gezondheidszorg laten zich echter niet schragen door louter economie en emotie. Daarvoor is ook nodig dat gezondheidszorg begrepen wordt als mensenrecht.

GEZONDHEIDSZORG ALS MENSENRECHT: WAARDIGHEID

Nederland is partij bij tal van internationale verdragen waarin het recht op zorg voor gezondheid als mensenrecht is erkend. Dit recht is een sociaal grondrecht. Mensenrechten van de zogenaamde tweede generatie, de economische, sociale en culturele grondrechten, gaan in veel rechtsculturen – ook in de Nederlandse – door voor grondrechten van het tweede garnituur. Debet hieraan is hun vermeende gebrek aan afdwingbaarheid.

Voor de burger heeft het weinig zin om zich met een verzoek tot een Nederlandse rechter te wenden om te bezien of de staat als partij bij verdragen waarin economische, sociale of culturele grondrechten (op werk, huisvesting, bijstand, onderwijs, gezondheidszorg, enzovoort) zijn neergelegd wel handelt in overeenstemming met de daaruit voortvloeiende verplichtingen. Anders dan burgerlijke en politieke grondrechten, de mensenrechten van de eerste generatie, ook wel klassieke grondrechten of vrijheidsrechten genoemd, zullen Nederlandse rechters eerbiediging van een economisch, sociaal of cultureel grondrecht niet willen afdwingen. Doorgaans zien zij de betreffende verdragsbepalingen als instructienormen, niet als 'een ieder verbindende' bepalingen. Oordeelt een rechter dat een wettelijk voorschrift niet verenigbaar is met een verdragsbepaling die een ieder verbindt, dan laat hij het eerste buiten toepassing.

Klassieke grondrechten (het recht op vrijheid van meningsuiting, het recht op eerbiediging van de persoonlijke levenssfeer, enzovoort) zijn in de ogen van de Nederlandse rechter doorgaans een ieder verbindend; economische, sociale of culturele grondrechten zijn dat doorgaans niet. Een verdragsbepaling is een ieder verbindend indien de rechter haar directe werking toekent. Kent een rechter een verdragsbepaling die werking niet toe, dan richt de norm zich slechts tot de verdragspartij, de staat, en niet ook tot de burgers. Economische, sociale en culturele grondrechten zijn dan instructienormen voor de overheid, waardoor een dergelijk grondrecht voor de burgers pas betekenis krijgt wanneer die overheid aan de instructie gehoor geeft, gewoonlijk in de vorm van wet- en regelgeving.

Op deze gangbare kijk op sociale grondrechten valt heel wat af te dingen. Veel rechtsgeleerden vinden hem ongenuanceerd en achterhaald.[3] Belangrijker is de vaststelling dat sociale grondrechten helemaal geen tweederangs rechten zijn. Allereerst zijn zij evenzeer verbindend. Als het al juist zou zijn dat deze verdragsbepalingen zich slechts tot de staat richten, dan zijn er toch verplichtingen waaraan de staat zich gebonden weet. De staat die deze verplichtingen minder serieus neemt omdat de burger diezelfde staat toch niet bij de rechter ter verantwoording kan roepen, is welbeschouwd een cynische staat. Of een erg zelfvoldane staat.

Maar er is nog iets. Aan het mensenrechtenrecht ligt het beginsel van respect voor menselijke waardigheid ten grondslag. Dit beginsel wordt genoemd in de preambule van vrijwel ieder mensenrechtenverdrag. In mensenrechtelijke zin kunnen we er niet veel meer van zeggen dan dat de individuele mens subject van waardigheid is, dat zij onvervreemdbaar is, en dat ieder mens respect voor zijn waardigheid in gelijke mate toekomt. Wat menselijke waardigheid inhoudt, is onmogelijk in een begripsomschrijving te vatten. Juristen moeten het definiëren van menselijke waardigheid ook maar overlaten aan filosofen en theologen. Wel weten juristen dat het beginsel handen en voeten gegeven wordt in de talloze bepalingen van internationale verdragen die in mensenrechten voorzien. En juristen weten ook dat wanneer een mensenrecht geschonden wordt, welk recht dan ook, dit in beginsel tevens een aantasting van de waardigheid van mensen oplevert. Bezien in relatie tot menselijke waardigheid is de schending van een sociaal grondrecht even erg als de schending van een klassiek grondrecht. Zo bezien is iemand zorg, onderwijs of huisvesting onthouden, niet minder erg dan het niet eerbiedigen van zijn of haar persoonlijke levenssfeer of een schending van het folterverbod.[4]

De staat die sociale grondrechten serieus neemt, aanvaardt zijn internationale verplichtingen op de terreinen die door de betreffende verdragsbepalingen worden bestreken als vertrekpunt wanneer nieuwe wet- of regelgeving op die terreinen aan de orde is. Omdat Nederland met de ratificatie van meerdere verdragen het recht op gezondheidszorg als grondrecht heeft erkend, zou men verwachten dat in de toelichtende stukken bij voorgenomen wetgeving op het terrein van de zorg talloze verwijzingen naar die verdragsteksten te vinden zijn. Nu heeft Nederland in een relatief kort tijdsbestek grondige stelselwijzigingen doorgevoerd: in 2006 met het aanvaarden van de Zorgverzekeringswet (Zvw) op het gebied van de curatieve zorg en in 2015 op de terreinen van de langdurige zorg en de welzijnszorg met de aanvaarding van de Wet langdurige zorg (Wlz) en de Wet maatschappelijke ondersteuning 2015 (Wmo 2015). In de memories van toelichting bij de voorstellen van de genoemde wetten wordt weliswaar volop verwezen naar wet- en regelgeving van de Europese Unie, maar niet of nauwelijks naar – bijvoorbeeld – artikel 12 van het Internationaal verdrag inzake economische, sociale en culturele rechten (IVESCR).[5]

GEZONDHEIDSZORG ALS SOCIAAL GRONDRECHT: PROGRESSIEVE VERWEZENLIJKING EN BELEIDSVRIJHEID

Staten die partij zijn bij het IVESCR erkennen 'het recht van een ieder op een zo goed mogelijke lichamelijke en geestelijke gezondheid'. Het in artikel 12 opgetekende recht wordt gewoonlijk kortweg – enigszins misleidend – het recht op gezondheid genoemd. Het is te begrijpen als het recht op zorg voor gezondheid en als zodanig omvat het – naast bijvoorbeeld de verplichting om maatregelen te nemen met betrekking tot de hygiëne van het leef- en arbeidsmilieu van mensen – het recht op toegang tot voorzieningen van noodzakelijke gezondheidszorg. Als partij bij dit belangrijke VN-verdrag heeft Nederland de verplichting hiertoe de nodige maatregelen te nemen.

Nederlandse beleidsmakers onderschatten de mate waarin verdragsbepalingen als deze de ruimte structureren waarin zij zich bewegen. Als sociaal grondrecht is het recht op zorg voor gezondheid allereerst voorwerp van progressieve verwezenlijking. In het IVESCR is deze verplichting neergelegd in artikel 2: staten dienen, met inachtneming van de middelen die ter beschikking staan, te streven naar geleidelijke verwezenlijking van economische, sociale en culturele rechten. Deze formulering van de verplichting tot progressieve verwezenlijking doet misschien ontsnappingsmogelijkheden vermoeden, maar in de rechtsgeleerde literatuur is aanvaard dat de verplichting in ieder geval inhoudt dat staten geen stappen terug ('retrogressieve maatregelen') mogen zetten.[6] Wanneer bijvoorbeeld basisonderwijs kosteloos is, kan een overheid niet zomaar beslissen om daarvoor financiële bijdragen te gaan vragen. Wanneer men weer eens besluit het verplichte eigen risico voor de basiszorgverzekering te verhogen, dan voert deze en gene allerlei bezwaren aan. Maar toegang tot noodzakelijke gezondheidszorg moet ook in financiële zin worden begrepen. En dat een dergelijk besluit dus wel eens een schending van een mensenrecht zou kunnen inhouden, verneemt men zelden.

In de Nederlandse vertaling telt artikel 12 IVESCR slechts 116 woorden. Een uitgebreide catalogus van de in het recht op zorg voor gezondheid besloten staatsverplichtingen is er niet in te vinden. Wat het recht voor een verdragspartij aan verplichtingen met zich meebrengt, is te vinden in General Comment No.14.[7] Belast met het toezicht op de naleving van de bepalingen van het IVESCR is een comité. Staten die partij zijn bij dit verdrag moeten periodiek bij dit comité rapporteren over de maatregelen die zij genomen hebben en de vorderingen die zij hebben gemaakt met betrekking tot de in het verdrag erkende rechten. Daartoe heeft het een format ontwikkeld. In het genoemde document zijn de verplichtingen samengaan met het recht op zorg voor gezondheid zeer gedetailleerd beschreven.

Wat echter verstaan moet worden onder 'noodzakelijke gezondheidszorg' is niet onmiddellijk duidelijk. Staten genieten hierin grote beleidsvrijheid. En wat staten kunnen aanmerken als noodzakelijke gezondheidszorg is uiteraard ook afhankelijk van de middelen waarover zij beschikken. In Nederland gelden die voorzieningen als noodzakelijk waarvoor men tot collectieve financiering besloten heeft. Gezondheidszorg die bekostigd wordt vanuit wetten als de Zvw en de Wlz, is dus noodzakelijk geachte gezondheidszorg. Heel veel van de gezondheidszorg die in Nederland aangeboden wordt, is noodzakelijke gezondheidszorg. Dat de gezondheidszorg van een ontwikkelingsland niet het niveau van de Nederlandse gezondheidszorg bereikt, betekent niet dat dit land het recht op toegang tot voorzieningen van noodzakelijke gezondheidszorg schendt. Op die staat rust onverminderd de verplichting tot progressieve verwerkelijking. En dat de gezondheidszorg in Nederland zoveel verder is, ontslaat de Nederlandse staat weer niet van die verplichting.

Op welke wijze structureren deze elementen van het

grondrecht op toegang tot voorzieningen van noodzakelijke gezondheidszorg – beleidsvrijheid en de verplichting tot progressieve verwerkelijking – de ruimte voor beleidsmakers?

In de zomer van 2012 werd voortijdig bekend dat het College voor zorgverzekeringen (CVZ), tegenwoordig Zorginstituut Nederland (ZIN) geheten, een advies overwoog tot verwijdering van enkele peperdure weesgeneesmiddelen uit het basispakket. Het betrof middelen die levenslang gebruikt worden door patiënten met de ziekte van Pompe en de ziekte van Fabry, ernstige erfelijke aandoeningen met een zeer geringe prevalentie. Op jaarbasis kost de behandeling van een patiënt met Pompe tussen de 400.000 en 700.000 euro, die van iemand met Fabry ongeveer 200.000 euro. De rekeningen worden volledig voldaan vanuit de basisverzekering. De geneesmiddelen in kwestie zijn weliswaar werkzaam, maar – zo oordeelde het CVZ – hun prijs staat in geen verhouding tot hun gezondheidseffecten. In 2010 werd elf miljoen euro uitgegeven aan de behandeling van ongeveer zestig patiënten met de ziekte van Fabry. De onderzoekers van het CVZ meenden dat met de inzet van die middelen elders veel meer gezondheidswinst geboekt zou kunnen worden.[8]

Aan artikel 12 IVESCR, gezaghebbend uitgelegd in General Comment No. 14, kan niet de specifieke verplichting worden ontleend om deze geneesmiddelen te vergoeden. Op grond van de verplichting tot progressieve verwezenlijking is Nederland weliswaar gehouden zorg te dragen voor steeds betere voorzieningen voor mensen die de pech hebben door dit zeldzame lot getroffen te worden, maar tot deze keuze is men op grond van de toegekende beleidsvrijheid niet verplicht. Nu had men al eerder besloten tot collectieve financiering van de geneesmiddelen in kwestie, tot vergoeding dus. Als zij nu in het geheel niet werkzaam waren, dan zou verwijdering uit het basispakket op geen enkele wijze onverenigbaar zijn met het grondrecht op noodzakelijke zorg. Maar de middelen zijn wel werkzaam. Marginaal weliswaar, maar toch. En alternatieven in de vorm van even werkzame, maar goedkopere middelen blijken niet voorhanden. Bezien tegen deze achtergrond zou verwijdering van deze geneesmiddelen uit het basispakket neerkomen op een retrogressieve maatregel, op een schending van het mensenrecht. Men had er beter aan gedaan gedegen onderzoek te verrichten alvorens tot vergoeding te besluiten. Ook voor nieuwe, dure oncolytica een wijze les.

Gegeven het grondrecht op gezondheidszorg zijn op zichzelf zinnige economische argumenten van onvoldoende gewicht om de verwijdering van de huidige geneesmiddelen voor de behandeling van patiënten met de ziekten van Pompe en Fabry uit het basispakket te rechtvaardigen. Het mensenrecht dwingt hier tot het zoeken naar andere oplossingen. Na alle ophef in de media over het CVZ-conceptadvies besloot minister Schippers van Volksgezondheid om opnieuw met de leveranciers te gaan praten over de prijs. Een goed besluit, beter althans dan dat waartoe het CVZ had willen adviseren, maar of zij zich daarbij heeft laten leiden door mensenrechtelijke overwegingen…

HET RECHT OP GEZONDHEIDSZORG: GELIJKE BEHANDELING

Het morele beginsel van rechtvaardigheid ziet toe op tweeërlei. Enerzijds behoren wij mensen als gelijken te behandelen, anderzijds dienen wij lusten en lasten eerlijk te verdelen.[9] Allereerst is het beginsel een formeel criterium van gelijke behandeling: gelijken behoren gelijk te worden behandeld, en ongelijken ongelijk. Het ongelijk behandelen van mensen die in een bepaald opzicht als gelijk beschouwd worden, is even onrechtvaardig als de gelijke behandeling van mensen die in een bepaald opzicht beschouwd worden als ongelijk. Toepassing van dit formele criterium vergt een aanvullend materieel criterium. Immers, in welk opzicht beschouwen wij mensen als gelijk, en in welk opzicht niet? Het grondrecht op gezondheidszorg zegt allereerst iets over de grond waarop mensen in de context van gezondheidszorg te beschouwen zijn als gelijk.

Subject van waardigheid in mensenrechtelijke zin zijn wij allemaal, en wel in gelijke mate. Een ander mensenrecht is het recht op gelijke behandeling (of non-discriminatie). Ook dat recht heeft erkenning gevonden in tal van internationale verdragen. In de context van de gezondheidszorg krijgt het recht op gelijke behandeling een heel specifieke betekenis. Op grond van het IVESCR is iedere vorm van discriminatie in de toegang tot gezondheidszorg verboden. Op verdragspartijen rust de verplichting ervoor zorg te dragen dat voorzieningen van noodzakelijke gezondheidszorg voor iedereen in gelijke mate toegankelijk zijn, niet alleen in termen van afstand, tijd, informatie en kwaliteit, maar ook in financiële zin.[10] Maar wat is dat, gelijke toegang?

Antidiscriminatiebepalingen plegen discriminatoire gronden negatief en niet-limitatief weer te geven. Zie bijvoorbeeld het eerste artikel van de Grondwet, waarin is bepaald dat 'allen die zich in Nederland bevinden, in gelijke gevallen gelijk behandeld worden'. En: 'Discriminatie wegens godsdienst, levensovertuiging, politieke gezindheid, ras, geslacht of welke grond dan ook, is niet toegestaan.'

In relatie tot het grondrecht op gezondheidszorg wordt het recht op gelijke behandeling echter positief, limitatief en zelfs exclusief gedefinieerd. Volgens het grondrecht kennen we in de zorg maar één grond die het maken van onderscheid tussen mensen rechtvaardigt, te weten: verschillen in objectieve, aan de hand van medische criteria vast te stellen behoefte. Eenvoudig gezegd: meer behoefte aan gezondheidszorg, hoger op de wachtlijst en eerder aan de beurt; minder behoefte, lager op de lijst en later aan de beurt. Onderscheid op basis van andere criteria komt in de context van de gezondheidszorg neer op discriminatie, op aantasting van de waardigheid van degene die erdoor getroffen wordt. De patiënt die er lucht van krijgt dat een ander dezelfde zorg, evenzeer benodigd, eerder ontvangt omdat diens zorgverzekeraar bij een ziekenhuis extra operatiecapaciteit exclusief voor zijn verzekerden heeft ingekocht, wordt gediscrimineerd. De patiënt die zich voor dezelfde noodzakelijke ziekenhuiszorg gepasseerd weet door even zieke anderen, omdat hun commerciële zorgbemiddelaar de aanbieder extra middelen verschaft of omdat hun werkgever 'bijplust', wordt niet gelijk behandeld. Het hebben van een bepaalde zorgpolis of het zijn van werknemer bij een bepaald bedrijf behoort er niet toe te doen.[11] En ook zoiets als woonplaats is irrelevant. Dat op grond van dit gegeven de ene borstkankerpatiënt wel toegang heeft tot dure, maar collectief gefinancierde oncolytica en de andere niet omdat haar ziekenhuis daarvoor het budget ontbeert, is discriminatoir.

Slechts verschillen in objectieve behoefte rechtvaardigen verschillen in behandeling. Dat mensen heel wat meer zijn dan de eigenaren van gezondheidsproblemen is evident, maar in deze context irrelevant. Al het andere doet er in de gezondheidszorg niet toe. Op het individuele niveau, dat van de individuele mens die medische hulp zoekt, komt het menselijke als het ware met het zakelijke samen.[12]

Maar het recht op gelijke behandeling betekent volgens het grondrecht op gezondheidszorg nog niet dat ieder mens ook krijgt wat hij of zij behoeft. Over de tweede betekenis van rechtvaardigheid, dat van de faire verdeling van lasten en lusten, zegt het grondrecht op gezondheidszorg echter ook het nodige. Wat is rechtvaardige verdeling in de context van de gezondheidszorg?

HET RECHT OP GEZONDHEIDSZORG:
INFORMATIE, ZEGGENSCHAP EN EERLIJKE
VERDELING

Op het collectieve niveau, waar de keuzes over de aanwending van collectieve middelen ten behoeve van gezondheidszorg worden gemaakt, heeft rechtvaardigheid niet de betekenis van gelijke behandeling. Wat gaat er naar de preventieve zorg? Hoeveel naar de curatieve zorg? Wat naar de kankerbestrijding? Welke middelen naar de langdurige zorg? Bij dergelijke vragen is rechtvaardigheid niet verweven met gelijke behandeling en antidiscriminatie. Het reserveren van middelen voor neonatale zorg is geen daad van discriminatie van ouderen omdat die middelen niet naar de ouderenzorg vloeien. Het uittrekken van budget voor borstkankerscreening komt niet neer op discriminatie van kinderen en jeugdigen omdat dat geld dan nu eenmaal niet naar typisch door die groepen benodigde vormen van zorg zal gaan. En een regering die besluit meer middelen voor onderwijs of infrastructuur uit te trekken en minder voor gezondheidszorg, bezondigt zich daarmee niet aan discriminatie van ongezonde, zorgbehoevende medemensen.

Gezondheidszorg, ook noodzakelijke gezondheidszorg, heeft met andere goederen gemeen dat het schaars is. En zoals gezegd, leren gezondheidseconomen dat de vraag naar gezondheidszorg het aanbod altijd overtreft. Beweerd wordt zelfs dat de vraag naar dit goed oneindig is. Er zullen dan ook altijd mensen zijn die noodzakelijke gezondheidszorg behoeven maar daar wegens gebrek aan middelen toch van verstoken blijven. Dat is onvermijdelijk. Gezegd wordt daarom wel dat gezondheidszorg per definitie voorwerp is van rantsoenering.[13]

'Rantsoenering' is een onbegrepen woord, zeker in de gezondheidszorg. Vanwege de negatieve connotatie nemen velen het ook liever niet in de mond. Met een juist begrip komt echter het inzicht dat gezondheidszorg altijd gerantsoeneerd wordt, niet alleen in sterk door de overheid gereguleerde systemen, maar ook in die welke ruimte bieden aan marktwerking. Een juist begrip is ook bijzonder behulpzaam bij de duiding van ontwikkelingen in de Nederlandse gezondheidszorg.

Wezenlijk aan het begrip van rantsoenering is niet dat er één verdeler is, zoals vaak wordt gedacht, maar dat er mensen zijn die het te verdelen goed niet toebedeeld zullen krijgen. Rantsoenering is evenmin per definitie onrechtvaardig. De vraag die zich voor elk stelsel van gezondheidszorg laat stellen is deze: wie neemt waar op welke gronden op welke wijze welke rantsoenbeslissingen?

Behalve onvermijdelijk is rantsoenering in de gezondheidszorg ook altijd meer of minder zichtbaar. Rantsoenbeslissingen zijn meer of minder goed te lokaliseren, meer of minder transparant, meer of minder kenbaar en meer of minder expliciet. Vanwege de veelheid aan partijen, de veranderlijkheid en de dynamiek heeft rantsoenering van zorg via marktmechanismen de sterke neiging impliciet te zijn. Vermelding van de werkelijke reden van een ongunstige rantsoenbeslissing (gebrek aan middelen) blijft dan achterwege. Of de werkelijke reden wordt versluierd. De 87-jarige die met een kostbare oncologische therapie nog enkele levensmaanden zou kunnen winnen, krijgt in een systeem van impliciete rantsoenering bijvoorbeeld van zijn dokter te horen dat een dergelijke therapie bij hem medisch zinloos is. Impliciete rantsoenering is dan niet zozeer onrechtvaardig omdat de zorgbehoevende de benodigde hulp onthouden wordt, maar omdat hij wordt afgescheept met een leugen: de therapie is immers niet medisch zinloos. De patiënt wordt onwaarachtig bejegend.

Maar dat is niet het enige probleem. Omdat in een systeem van impliciete rantsoenering beslissingen stuksgewijs en minder gecoördineerd genomen worden, zijn ook de gevaren van willekeur en onrecht veel reëler. In een dergelijk systeem valt het sociaal zwakkere individu veel eerder aan achterstelling ten prooi. Mocht de patiënt uit het voorbeeld nu goed ingevoerd, mondig en kapitaalkrachtig zijn, dan zou het zomaar kunnen dat hij de therapie wel aangeboden krijgt. Maar hoe zit het met de nauwelijks geïnformeerde AOW'er die niet over krachtige rechtsbijstand kan beschikken? Zal hij zijn dokter (of verzekeraar) kunnen overtuigen van de noodzaak van de therapie?

In het huidige Nederlandse stelsel is niet of nauwelijks

na te gaan wie waar op welke wijze op welke gronden welke keuzes maakt. Hieraan is debet het grote aantal betrokken partijen, het optreden van toezichthouders met discretionaire bevoegdheden die enorme, nauwelijks te legitimeren hoeveelheden beleidsregels voortbrengen en het doen en laten van private zorgverzekeraars, waardoor tal van rantsoenbeslissingen genomen worden in de beslotenheid van directiekamers van ondernemingen. De Nederlandse gezondheidszorg heeft zich in de afgelopen ontwikkeld tot een zo ondoorgrondelijk institutioneel complex, dat zelfs goed ingevoerden zich voor grote raadsels gesteld weten. Dat er patiënten zijn die niet de gezondheidszorg krijgen die zij nodig hebben, is onvermijdelijk. Maar waarom dat die patiënten zijn, is een vraag waarop het antwoord is weggemoffeld.[14]

Indien een patiënt gezondheidszorg wegens gebrek aan middelen onthouden wordt, moet hem dat onomwonden verteld worden. Op die informatie heeft de individuele zorgbehoevende mens volgens General Comment No. 14 recht.[15] Niet alleen moet die patiënt waarachtig bejegend worden, hij behoort ook te weten waarom collectieve middelen niet te zijnen bate worden aangewend en waarom anderen er een sterkere claim op hebben. 'Trade-offs' zijn nu eenmaal onvermijdelijk in de gezondheidszorg. Mensen verdienen het om deze geëxpliciteerd te krijgen. Sterker nog, iedereen verdient het dat rantsoenbeslissingen in de gezondheidszorg de uitkomst zijn van omvattende, systematische, rationele en bovenal transparante deliberatie. Rantsoenering van gezondheidszorg moet expliciet. En anders dan in ons huidige stelsel van gezondheidszorg het geval is, behoren rantsoenbeslissingen ook werkelijk democratisch gelegitimeerd te zijn. Mensen hebben dus ook recht op betrokkenheid bij het proces van besluitvorming, op zeggenschap. Dat is wat General Comment No. 14 bedoelt wanneer gezegd wordt dat het grondrecht op gezondheidszorg beleidsvorming vergt die *transparent* en *participatory* is.[16]

De patiënt uit het voorbeeld moet meegedeeld krijgen dat hem de benodigde oncologische therapie wegens gebrek aan middelen onthouden wordt. Als dat is omdat de keuze is gemaakt dat dergelijke kostbare therapieën niet meer aangeboden worden aan dergelijke patiënten ouder dan tachtig jaar, dan heeft hij ook recht op die informatie. Waarom deze keuze gemaakt is, en hoe dat besluit tot stand heeft kunnen komen, moet voor hem duidelijk zijn. Dat 'aan een ieder naar behoefte' in de gezondheidszorg uiteindelijk niet de enige norm van verdelende rechtvaardigheid kan zijn, zal hij begrijpen, maar als ieder ander heeft hij er recht op om deel te nemen aan de besluitvorming over aanvullende criteria. Als er keuzes gemaakt moeten worden, gaat het namelijk daar om. En ten slotte, als patiënten van zijn leeftijd met dezelfde aandoening de kostbare therapie evenmin aangeboden krijgen, is zijn behandeling gelijk. Hij wordt behandeld als een gelijke. Zijn waardigheid wordt gerespecteerd.

SLOTSOM

Het recht op gezondheidszorg is een door Nederland erkend mensenrecht. Als sociaal grondrecht wordt het te onzent ten onrechte onvoldoende serieus genomen. Aan het grondrecht is een aantal staatsverplichtingen te ontlenen dat in acht te nemen valt opdat in de gezondheidszorg aan menselijke waardigheid recht gedaan wordt. Bij alle vrijheid die een staat heeft om te bepalen welke interventies of zorgvormen als noodzakelijk gelden, is er de verplichting om het recht op gezondheidzorg progressief te verwezenlijken. Stappen terug zijn uit den boze. Daarnaast moet er gelijke toegang zijn tot voorzieningen van noodzakelijke gezondheidszorg, hetgeen inhoudt dat slechts verschillen in objectieve behoefte verschillen in behandeling van individuele zorgbehoevenden rechtvaardigen. Individuele zorgbehoevenden die van de zorg die zij nodig hebben verstoken blijven wegens gebrek aan middelen, hebben het recht hierover te worden geïnformeerd. Opdat in individuele hulpverleningsrelaties patiënten waarachtig bejegend worden, moeten deliberaties over aanvullende criteria van verdeling (leeftijd, een plafond voor de kosteneffectiviteit van medische ingrepen en behandelingen, enzovoort) dan ook elders plaatsvinden, op het centrale politieke forum, met betrokkenheid van iedereen. De eisen die het grondrecht aan de gezondheidszorg blijkt te stellen zijn niet gering, maar louter economie en emotie leiden nu eenmaal niet tot rechtvaardige zorg. Zeker niet in ons stelsel.

NOTEN

1 M. van den Hoven, 'Ethisch-filosofische visie op wat een leven mag kosten', in: *Cahier Biowetenschappen en Maatschappij* 2015-2, p. 27-28.
2 U. Reinhardt, 'Rationing health care. What it is, what it is not, and why we cannot avoid it', in: S. Altman en U. Reinhardt (eds.), *Strategic choices for a changing health care system*, Health Administration Press, Chicago 1996, p. 63-69.
3 F. Coomans (ed.), *Justiciability of Economic and Social Rights. Experiences from Domestic Systems*, Intersentia Antwerpen/Apeldoorn 2006.
4 M. Buijsen, 'Ongrijpbare waardigheid – Kanttekeningen bij een fundamenteel rechtsbegrip', in: M.-C. Foblets, M. Hildebrandt en J. Steenbergen (red.), *Liber Amicorum René Foqué*, Larcier, Gent 2012, p. 519-533.
5 *Internationaal verdrag inzake economische, sociale en culturele rechten*, New York 16 december 1966, Trb. 1978, 178.
6 M. Ssenyonjo, *Economic, Social and Cultural Rights in International Law*, Hart Publishers, Oxford / Portland (Oregon) 2009, p. 49.
7 Committee on Economic, Social and Cultural Rights, *General Comment No. 14*, aanvaard op 11 mei 2000. UN Documents E/C.12/2000/4, 11 augustus 2000.

8 J. van Everdingen, 'Inleiding', in: *Cahier Biowetenschappen en Maatschappij* 2015-2, p. 9.
9 T. van Willigenburg e.a., *Ethiek in praktijk*, Van Gorcum, Assen 2000 (3e druk), p. 45.
10 Committee on Economic, Social and Cultural Rights, *General Comment No. 14*, aanvaard op 11 mei 2000. UN Documents E/C.12/2000/4, 11 augustus 2000, randnrs. 12 en 17.
11 M. Buijsen, 'De rechtvaardige verdeling van gezondheidszorg', in: *Socialisme & Democratie* 2010-10/11, p. 61.
12 Ibidem, p. 62.
13 L. Fleck, *Just Caring. Health care rationing and democratic deliberation*, Oxford University Press, Oxford 2009, p. 8-9.
14 Buijsen, 'De rechtvaardige verdeling van gezondheidszorg', p. 64.
15 Committee on Economic, Social and Cultural Rights, *General Comment No. 14*, aanvaard op 11 mei 2000. UN Documents E/C.12/2000/4, 11 augustus 2000, randnrs.12 en 17.
16 Committee on Economic, Social and Cultural Rights, *General Comment No. 14*, aanvaard op 11 mei 2000. UN Documents E/C.12/2000/4, 11 augustus 2000, randnr. 34 onder f.

Over de auteurs

Dr. Marcel Becker is verbonden aan de afdeling Ethiek van de faculteit Wijsbegeerte en aan het Centrum voor Ethiek van de Radboud Universiteit Nijmegen. Zijn onderzoeksterrein is de toegepaste ethiek in de brede zin van het woord. Hij houdt zich met name bezig met bestuurlijke ethiek, ethiek van oorlog en vrede en juridische ethiek.

Prof.dr. Martin Buijsen is jurist en filosoof en als hoogleraar Recht & gezondheidszorg verbonden aan het Instituut voor Beleid en Management Gezondheidszorg en de Erasmus School of Law, Erasmus Universiteit Rotterdam (EUR).

Dr. Karel-Peter Companje is historicus met als specialisme structuur en financiering van zorg. Hij heeft een onderzoeksaanstelling bij de Celsus Academie voor betaalbare zorg, Radboud UMC Nijmegen en is manager van het Kenniscentrum Historie Zorgverzekeraars.

Dr. Jaap Deinum studeerde geneeskunde aan het Erasmus MC en volgde er de opleiding tot internist. Hij is sinds 2002 verbonden aan de afdeling Interne geneeskunde van het Radboud UMC. Hij heeft een sterke interesse in de relatie tussen betekenis van gezondheidszorg voor het individu en de inrichting van de gezondheidszorg.

Prof.dr. Baziel van Engelen is neuroloog bij de afdeling Neurologie van het Radboud UMC en is Principal investigator van het Donders Institute for Neuroscience en voorzitter van de Commissie Identiteit van het Radboud UMC.

Maaike Haan MA is gedragsfilosoof en ethicus en werkt als onderzoeksmedewerker bij de afdeling IQ healthcare van het Radboud UMC. Zij is tevens werkzaam bij de commissie ethiek van het Radboud UMC en ZZG-zorggroep.

Prof.dr. Patrick Jeurissen is bijzonder hoogleraar Betaalbaarheid van Zorg aan de Radboud Universiteit/het Radboud UMC. Daarnaast werkt hij als wetenschappelijk adviseur voor het ministerie van Volksgezondheid, Welzijn en Sport. Hij houdt zich voornamelijk bezig met het vraagstuk van betaalbaarheid en hervorming van de zorg, nationaal en internationaal.

Mr.drs. Nicole U.N. Kien is advocaat bij LS&H Lawyers B.V., advocatenkantoor in de LifeSciences & Health sector te Rotterdam. Zij is ruim twintig jaar advocaat en gespecialiseerd in juridische vraagstukken in de zorg.
In haar praktijk houdt zij zich intensief bezig met de toegankelijkheid van duurdere innovaties in de gezondheidszorg.

Prof.dr. Anneke W.M. Kramer is ruim dertig jaar huisarts in een achterstandswijk in Utrecht. Daarnaast is zij steeds op verschillende manieren actief geweest in de huisartsopleiding. Sinds juli 2015 is zij hoofd van de huisartsopleiding in Leiden en sinds begin 2016 bijzonder hoogleraar Huisartsgeneeskunde, met als leeropdracht onderzoek naar opleiden.

Dr. Maria van den Muijsenbergh is huisarts in Nijmegen en senior onderzoeker bij de afdeling Eerstelijnsgeneeskunde van het Radboud UMC te Nijmegen en bij Pharos, het expertisecentrum gezondheidsverschillen. Zij is secretaris van de Medische afdeling van het Thijmgenootschap en lid van de Wetenschappelijke raad.

Drs. Marion Reinartz heeft allround ervaring binnen de gezondheidszorg. Na de studies HBO-V, gezondheidswetenschappen/beleid en beheer is zij werkzaam geweest bij diverse zorgaanbieders, zorginkoop ziekenhuiszorg bij Menzis zorgverzekeraar. Op dit moment werkt zij vanuit patiëntenperspectief als projectleider bij Zorgbelang Gelderland/Utrecht.

Prof.dr. Gert Jan van der Wilt is hoogleraar Healthcare Technology Assessment aan het Radboud UMC en verbonden aan het Institute for Brain, Cognition and Behavior, Radboudumc. Hij is bovendien aangesteld bij het Athena Institute for Innovation and Communication in the Health and Life Sciences van de Vrije Universiteit te Amsterdam. Hij is lid van de Gezondheidsraad.

Prof.dr. Theo Wobbes is emeritus hoogleraar Chirurgische oncologie in het Radboud UMCc in Nijmegen. Hij is voorzitter van de Medische afdeling van het Thijmgenootschap en lid van de Wetenschappelijke raad.

Eerder verschenen in de reeks
ANNALEN VAN HET THIJMGENOOTSCHAP

Alle Annalenbundels van 2002 tot 2011 zijn gratis te doorzoeken en te lezen via ons archief:
http://www.thijmgenootschap.nl/archief.

Jaargang 104 (2016), aflevering 1
Michel Bronzwaer & Joost van der Net [red.]
500 jaar Utopia

aflevering 2
Donald Loose
De universiteit. Een leerschool in humanisering

Jaargang 103 (2015), aflevering 1
Nicolette van Gestel (red.)
De kracht van de gemeenschap

aflevering 2
Theo Wobbes en Maria van den Muijsenbergh (red.)
Baas over eigen lichaam?

aflevering 3
Stephan van Erp
De onvoltooide eeuw

aflevering 4
Rudi te Velde (red.)
Tussen geloof en ongeloof

Jaargang 102 (2014), aflevering 1
Ronald Tinnevelt (red.)
Europa – op zoek naar een nieuw elan

aflevering 2
Luca Consoli en Ron Welters (red.)
De goede wetenschapper

aflevering 3
Frank Bosman & Harm Goris (red.)
Verdeelde wijsheid

Jaargang 101 (2013), aflevering 1
Stephan van Erp en Harm Goris (red.)
De theologie gevierendeeld

aflevering 2
Theo Wobbes en Maria van den Muijsenbergh (red.)
Genoom bewust

aflevering 3
Sebastiaan Roes (red.)
Vergiffenis en het recht

aflevering 4
Marcel Becker en Theo Wobbes (red.)
Soberheid als ideaal en als noodzaak

Jaargang 100 (2012), aflevering 1
Wim Dekkers, Marcel Becker, Martien Pijnenburg (red.),
Een behouden thuiskomst

aflevering 2
Theo Wobbes en Susanne de Kort (red.)
Placebo

aflevering 3
Edith Brugmans (red.)
Instituties in beweging

aflevering 4
Bert Blans (red.)
De ontdekking van het innerlijk

aflevering 5 (Thijmessay)
Jan Gruiters
Nooit meer oorlog

Jaargang 99 (2011), aflevering 1
René Munnik (red.), *God, mens en techniek*

aflevering 2
Eelke de Jong (red.), *Wat zegt de crisis over onze moraal?*

aflevering 3
Rolf Hoekstra en Eelke de Jong (red.), *Macht en wetenschap*

aflevering 4 (Thijmessay)
Jacques De Visscher, *Toewijding*

HET THIJMGENOOTSCHAP – vereniging voor wetenschap en levensbeschouwing – stelt zich ten doel wetenschappelijke reflectie te bevorderen vanuit een christelijk perspectief op ontwikkelingen in cultuur en samenleving.
De vereniging kent:
een medische afdeling,
een rechts- en bestuurskundige afdeling,
een wijsgerige afdeling,
een afdeling katholieke theologie.

Door lidmaatschap van het Thijmgenootschap
* ontvangt u gratis de 'Annalen van het Thijmgenootschap' direct bij verschijnen (vier boeken per jaar).
* ontvangt u mededelingen over de activiteiten.
* ontvangt u uitnodigingen voor de congressen en andere activiteiten.

Zie voor actuele informatie: www.thijmgenootschap.nl.

Een lidmaatschap kost € 40,– per jaar, voor echtpaarleden € 45,–.

Voor lidmaatschap, (adres)wijzigingen, opzeggingen en vragen over uw contributie dient u zich te wenden tot:
Ledenadministratie van het Thijmgenootschap

Joh. Vijghstraat 34 – 6524 BT Nijmegen
tel. 024-3601829
e-mail: thijmgenootschap@ioi.nl

Voor algemene informatie over het Thijmgenootschap kunt u zich wenden tot:
Algemeen Secretariaat van het Thijmgenootschap
prof.mr.drs. J. Sebastiaan L.A.W.B. Roes

Groesbeekseweg 125 – 6524 CT Nijmegen
tel. 024-3611631
e-mail: j.roes@jur.ru.nl